*Für meine wunderbaren Kinder, Christian und Annika.
In Liebe, Mama.*

Inhalt

„Ich weiß nicht, was mir fehlt"	7
Lob – ein menschliches Grundbedürfnis	11
Was Lob bedeutet	16
Die Kunst des Lobens	19
Loben will gelernt sein – Kritik geht immer …	25
Das kleine Abc des Lobens	33
„Ich bin als Kind nie gelobt worden"	47
Kinder haben ein Recht auf Lob	58
Lob und Neid	62
Jeder macht irgendetwas gut	64
Eigenlob stinkt, sagt der Volksmund	68
Wertschätzende Haltung	71
Lob in christlichen Gemeinden	73
Gott und das Lob	84
Schluss	88
Anhang	89
Kreative Ideen für „Handwerker"	91
Das kleine Abc des Lobens (Kurzversion)	95

„Ich weiß nicht, was mir fehlt"

Während Elke mir gegenübersitzt und aus ihrem Leben erzählt, laufen die Verletzungen ihres Lebens in Bildern an uns beiden vorüber. Sie erzählt plastisch und ich habe fast das Gefühl, mitten in Elkes Erlebnissen dabei zu sein. Dabei sind es eigentlich keine dramatischen, zumindest nicht für jemanden, der es gewohnt ist, die tiefsten Tiefen menschlichen Erlebens erzählt zu bekommen. Aber für Elke waren und sind es gerade diese Erlebnisse, die es ihr schwer machen, ein bejahendes Selbstwertgefühl zu bekommen.

Elke hatte ein gutes Elternhaus, kam in der Schule gut mit und auch im Berufsleben lief es nahezu optimal. Die Kinder sind mittlerweile aus dem Haus, der Ehemann arbeitet noch und Elke ist halbtags berufstätig. Außerdem engagiert sie sich ehrenamtlich in ihrer Gemeinde. Eigentlich, so könnte man den Eindruck gewinnen, läuft alles nach Maß: ein Leben, wie es viele andere Menschen auch führen.

Wenn nur die innere Verletzung nicht wäre! Elke beklagt sich nicht, aber sie ist traurig. Tieftraurig. Warum, weiß sie selbst nicht genau. Darum ist sie zu mir gekommen. Um es herauszufinden.

Während Elke erzählt, wird mir relativ schnell deutlich, was ihr fehlt. Eigentlich ist es etwas Selbstverständliches und doch leiden sehr viele Menschen darunter. Kinder, Frauen und Männer. Es ist das fehlende Lob.

Elke hat nur sehr selten erlebt, dass sie für etwas, was

sie getan hat, gelobt wurde. Mit Kritik ist sie überschüttet worden. Was sie gut gemacht hat, wurde von ihr erwartet und brauchte selbstverständlich auch nicht positiv herausgestrichen zu werden: bei ihren Eltern nicht, ihrem Arbeitgeber nicht, ihrem Mann nicht, den Kindern nicht und in der Gemeinde schon gar nicht. Für alle war und ist es selbstverständlich, dass sie anpackt, tut, was sie kann, sich engagiert … Dabei ist es gar nicht so, dass das, was sie macht, nicht geschätzt würde. Aber ihr wird dies nur daran deutlich, dass keine Kritik kommt. So muss sie quasi aus dem Ausbleiben der Kritik herausfiltern, dass sie ihre Sache gut gemacht hat.

Eine Zeit lang ist das auch gut gegangen. Eine Zeit lang. Aber dann ist das kleine Pflänzchen Selbstvertrauen eingegangen. Und nun liegt es am Boden, kraftlos, sinnlos und zerbrochen. Elkes große Verletzung heißt: Ich bin niemandem wichtig und für nichts gut genug. Sie weiß, dass es eigentlich nicht stimmt. Aber die Zweifel sind größer als jedes Wissen und zerfressen jeglichen Hoffnungsschimmer schon beim ersten Aufleuchten.

So, wie es Elke ergangen ist und ergeht, erleben es viele Menschen, sehr viele. Täglich, immer wieder. Dabei spielt das Aufgabenfeld keine große Rolle, auch das Umfeld ist fast egal. Und das ist schlimm. Gerade in Familie und Gemeinde sollte es anders sein: Hier sollte das Loben alltagsnah gelebt werden. Häufig ist es aber anders. Das Geleistete wird schnell zur Normalität. Erfolgt der Einsatz nicht, dann gibt es eine Reaktion in Form von negativer Kritik und Vorwürfen: „Warum hast du denn nicht …?" Eine andere Variante ist die der Selbstverständlichkeit:

„Dafür bist du doch da. Das ist doch deine Aufgabe!" Oder in anderen Kreisen: „Das tust du alles für Gott!" Das alles ist sicherlich richtig und wahr. Aber heißt das automatisch: Es muss deshalb nicht gelobt werden??? Befreit das vom Loben, Anerkennen, „Sich-mit-dem-anderen-Mitfreuen" und einem hörbaren „Danke"?

Wie schnell wird das, was jemand leistet, zur Selbstverständlichkeit. Oder es wird geurteilt: „Der bekommt doch Geld dafür, dann soll er das auch leisten. Und jetzt soll ich ihn loben? Warum denn? Das, was er tut, gehört doch zu seiner Aufgabenstellung dazu. Ja, er macht seine Aufgabe schon sehr gut, aber ..." Wenn nur das Wörtchen *aber* nicht wäre ...

Und geht es den Ehrenamtlichen anders? Werden sie gelobt? Auch Ehrenamtliche müssen immer wieder die Erfahrung machen, dass ihr Einsatz allzu leicht als normal angesehen wird. Am Anfang werden Lob und Anerkennung häufig geäußert, gehen dann aber schnell im Alltag verloren. Was ich „am eigenen Leib erfahre", prägt jedoch mein Denken und ist häufig der Motor meines daraus resultierenden Handelns. Wer nie oder nur sehr selten gelobt wird, lobt selber auch nicht oder eben nur selten.

Manchmal verbergen sich aber auch ganz andere Gründe hinter der bewussten oder unbewussten Entscheidung, nicht zu loben. Ist es möglicherweise der Neid? Die Eifersucht? Gönne ich es dem anderen nicht, ein Lob ausgesprochen zu bekommen? Warum nicht?

Oder die Mutter, die ganz selbstverständlich zu Hause alle Aufgaben erledigt. Scheinbar nebenbei. Viele Mütter sind heute berufstätig, etliche aus finanzieller Not heraus.

Trotzdem ist das Haus sauber, die Wäsche frisch gebügelt, aufgeräumt, eingekauft ... Wozu soll gelobt werden? Wer sonst soll alle diese Aufgaben übernehmen, wenn nicht sie? Ist das die gängige Meinung, die sich durchgesetzt hat? Oder trifft der Satz: „Einer muss es ja tun, Hauptsache, ich nicht!" den Kern des täglichen Denkens?

Das Gleiche gilt für die Arbeit der Väter und Ehemänner. Nehmen wir das alles, was sie tun, als selbstverständlich hin?

Vielleicht ertappen Sie sich dabei, dass Sie manchmal genauso denken. Weil du Mutter bist, hast du dies und das so zu leisten. Weil du Tochter bist, hast du ... Weil du Ehemann bist, erwarte ich dies und jenes. Als Sohn musst du ... Mich lobt auch keiner, dann brauch ich das auch nicht. Ist das unser Denken?

Lob – ein menschliches Grundbedürfnis

Ein echtes, ehrliches Lob kann Berge versetzen. Das Gefühl, etwas gut oder sogar sehr gut gemacht zu haben und dies auch noch von anderen anerkannt zu bekommen, ist etwas, wonach wir uns alle sehnen. Wir Menschen brauchen Lob. Immer wieder und immer wieder neu. Lob beflügelt. Ohne Lob ist das Leben schwer. Wenn der Dank, die Anerkennung, das Lob ausbleibt, entsteht das Gefühl, versagt zu haben. Nicht gut genug zu sein in den Augen der anderen. Das schmerzt, verletzt, man fühlt sich herabgesetzt. Menschen, die nie oder nur selten Lob bekommen, sehen sich auf der Verliererseite des Lebens. Sie erleben sich allzu oft als defizitär. Ihnen fehlt etwas und sie wissen häufig nicht was. Ihnen ergeht es wie Elke …

Das fehlende Lob

An Elkes Beispiel wird sehr gut deutlich, dass sie keinen Bezug dazu hat, was sie an Gutem, Positivem leistet. Auf die Frage nach ihren Begabungen, ihren Fertigkeiten und Fähigkeiten antwortet sie mir, dass sie eigentlich nichts richtig gut beherrsche. Und nach einigem Zögern kommt die Bemerkung: „Ich eigne mich zu nichts wirklich gut."

Das typische persönliche Fazit von Menschen, die Lob nicht kennen, nicht erfahren haben, gibt die Aussage wieder:

„Ich arbeite und arbeite, aber meine Arbeit ist anscheinend nicht gut genug …"

Daraus folgt die harte Schlussfolgerung und Annahme: *Ich bin nicht gut genug!*

Ein gesundes Selbstvertrauen, dass die geleistete Arbeit in einer guten Art und Weise erfüllt wurde, konnte nicht aufgebaut werden. Hier zeigt sich, wie zerstörerisch das fehlende Lob wirken kann. Wenn der Dank, die Anerkennung, das Lob ausbleiben, entsteht leicht das Gefühl, persönlich versagt zu haben.

Als Schlussfolgerung wird gezogen: Ich kann nichts, sonst würde ich ja auch mal ein Lob bekommen!

Daraus ziehen viele Betroffene die Erkenntnis: Ich bin nicht wertvoll. Ich bin nicht geliebt! Ich bin nicht gut genug: als Frau nicht, als Mann nicht, als Tochter nicht, als Sohn nicht, als Arbeitnehmer nicht, als Mensch nicht.

Die Gedanken verselbstständigen sich und werden immer mächtiger. Jeder einzelne dieser Sätze führt zu einer schmerzlichen und manchmal lebenslangen, zerstörerischen Schlussfolgerung.

Weitere Erkenntnissätze können zum Beispiel sein:
- Ich kann nichts wirklich gut. Alle anderen haben Fähigkeiten, Begabungen, ich nicht!
- Alles, was ich mache, ist für andere selbstverständlich!
- Von mir erwartet man, dass ich funktioniere!
- Es ist anderen egal, wie es mir geht.
- Ich muss immer alles können …

Karussellartig gehen die Gedanken spazieren, bauschen sich gegenseitig auf, verstärken sich und werden mitunter zur Qual. Jedem Gedanken folgen weitere schmerzhafte Gedanken, die sich wie Nadeln in unser Bewusstsein stoßen und ihre zerstörerische Arbeit verrichten.

Daraus entstehen für den Betroffenen ...
* ein Minderwertigkeitsgefühl und
* ein geringes Selbstvertrauen.

Dass dabei mancher im Selbstmitleid versinkt, wer will es ihm oder ihr verdenken? Das Gedankenkarussell muss bewusst gestoppt werden. Was leichter gesagt als getan ist. Ein Mensch mit geringem Selbstvertrauen und großem Minderwertigkeitsgefühl braucht Hilfe von außen. Er braucht Menschen, die diese Not erkennen, sich ihr stellen und dem Betroffenen echte, ehrliche, Mut machende Hilfe geben. Er braucht Menschen, die ihm behutsam ermöglichen, eigene Begabungen zu erkennen, möglicherweise Fertigkeiten zu erwerben oder zu verbessern, mehr und mehr Selbstvertrauen zu gewinnen und sich selber zu trauen, eine positive Eigenwahrnehmung zu entwickeln.

Das braucht Zeit, viel Geduld, Liebe und Verständnis des Helfenden, dazu viel Lob, Anerkennung und Wertschätzung für den Betroffenen. Mit einer Hauruckmethode oder ständigen Belehrungen des Begleitenden erfährt der Betroffene nur noch verstärkt sein erlebtes Defizit. Einem Menschen, der am Boden liegt, hilft es nicht, wenn noch weiter auf ihm herumgetreten wird.

Diesem Satz werden die meisten zustimmen, aber die Realität unseres Umgangs miteinander zeigt leider allzu oft genau diese Handlungsweise.

Das ehrlich gemeinte Lob dagegen bewirkt Großartiges: Es stärkt, baut auf, schenkt Vertrauen, motiviert, fördert und fordert gleichzeitig heraus, sich weiterzuentwickeln!

Als Menschen tragen wir Sehnsüchte und Bedürfnisse in uns. Das fehlende Lob hat Auswirkungen!
Wir tragen alle in uns …
- die Sehnsucht nach Lob,
- die Sehnsucht nach Anerkennung,
- die Sehnsucht dazuzugehören.

Jeder von uns möchte dazugehören, Teil sein vom Umfeld der Menschen, die uns umgeben. Möchte anerkannt und wertgeschätzt werden. Mitten dabei sein in Familie, Schule, bei der Arbeit, in der Gesellschaft, im Verein, in der Kirche. Das Abseitsstehen macht auf Dauer keinen Spaß, demotiviert, lässt vereinsamen und zieht Verzweiflungstaten nach sich, die gegen sich selbst gerichtet sein können oder auch gegen andere. Das Wettrennen um Höchstleistungen im erlebten gesellschaftlichen Alltag produziert mehr Verlierer, als uns guttut und wir uns als Gesellschaft leisten können. Leisten sollten. Wo Menschen sich als Verlierende sehen, dümpelt die Hoffnungslosigkeit und die Erkenntnis folgt zwangsläufig: Ich bin völlig überflüssig, mich braucht keiner.

Die größte Sehnsucht aller Menschen

Das Grundbedürfnis, das wohl alle Menschen haben, ist die große Sehnsucht danach, geliebt zu werden. So wie wir sind! Mit dem, was ich kann, und mit dem, was ich nicht kann. Geliebt zu werden, so wie ich bin. Mit meinen Fehlern und Schwächen. Wo gibt es das heute noch? Im Leistungsdenken unserer Gesellschaft jedenfalls nicht. Bleibt die Frage: Wo werde ich bedingungslos angenommen?

Ich persönlich habe dies im festen Glauben und Vertrauen zu Jesus Christus gefunden. Als tragfähige Basis für mein Leben. In all den Zeiten, in denen ich erkennen musste, dass ich Defizite habe, Schwächen, Fehler, für andere nicht gut genug war, wurde mir mehr als deutlich: Zu Jesus darf ich immer kommen, so wie ich bin. Bei *Ihm* darf ich alles abladen. *Er* sieht meine Wunden, mein Schwachsein, meine Unvollkommenheit, meine Schwächen … und *Er* liebt mich trotzdem!

Was Lob bedeutet

Für fast jedes Wort gibt es andere Wörter, die das Gleiche aussagen, aber anders beschreiben – die sogenannten Synonyme. Für Lob und loben sind dies: jemanden anerkennen, auszeichnen, achten, ehren, honorieren, schätzen, würdigen, ermutigen, aufmuntern, ermuntern, herausheben, hervorheben, Lob aussprechen, Lob spenden; sich über jemanden anerkennend äußern, voll Anerkennung sein; jemandem Gutes nachsagen.

Enorm, was ein einziges Lob alles bedeuten kann!

Lob ist das Öl, welches unseren Lebensmotor schmiert

Dass ein Auto Öl braucht, ist klar. Wer zu sparsam ist, um dem Auto Öl zu gönnen, muss dies teuer bezahlen: Der Motor wird allzu bald einen kapitalen Schaden haben und damit unbrauchbar sein. Ein neuer Motor muss her und der ist teuer.

Inwiefern ist dieses Bild auf mein Leben übertragbar? Auch ich brauche etwas, was mich antreibt, was mich motiviert weiterzumachen, Neues anzufangen, wieder neu zu starten. Etwas, was quasi eine Initialzündung in mir auslöst und mich aktiv werden lässt. Ein Lob kann so eine Initialzündung sein. Da spricht mir jemand seine Anerkennung aus, lobt meine Aktivität, meinen Einsatz und ich merke, dass es mich noch mehr anspornt. Ich fühle mich ermutigt und werde kreativer, als ich es vorher schon war. Das Lob ist Öl für meinen Lebensmotor.

*Lob ist wie der ersehnte Regen, der die Pflanzen
kostenlos mit Wasser versorgt*

Lob ist kostenlos. Zumindest kostet es kein Geld, jemanden zu loben. Insofern kann jeder loben. Es kostet mich aber vielleicht Überwindung. Mir und dem anderen zuzugestehen: Was er geleistet hat, verdient auch in meinen Augen Anerkennung und Wertschätzung. Es kostet mich Mut, dem anderen das zu sagen. Manchmal tun wir uns schwer damit. Vielleicht weil wir gerade dieser Person gegenüber eher kritisch eingestellt sind. Vielleicht weil sie uns nicht so sympathisch ist, weil sie mich sonst nicht so wahrnimmt usw.

Gründe, die uns davon abhalten, dem anderen Lob auszusprechen, gibt es vielfältige. Und oft sind wir erfinderisch, solche Gründe zu finden.

*Lob ist wie der erste geschenkte Sonnenstrahl
nach einem kalten, langen Winter*

Der lange, kalte, vielleicht auch verregnete Winter weckt in uns die Sehnsucht nach Sonne. Endlich wieder die wärmende Sonne auf der Haut zu spüren, wie gut das tut! Anscheinend weckt jeder einzelne Sonnenstrahl unsere Lebensgeister wieder. Wie wärmend das ist, wie wohltuend. Das ist wie ein Lob im Umgang mit einem Menschen: Da schenkt mir jemand seine Wertschätzung und äußert sein Lob. Vielleicht sogar ein Lob, mit dem ich nicht gerechnet habe, welches plötzlich kommt, einfach so. Wie gut das tut! Erstaunlich, was dieses Lob bei mir an Positivem auslöst …

Lob zaubert ein Strahlen auf die Gesichter der Menschen!
Es ist kostenlos und wertvoll zugleich.
Lob motiviert und fordert zu Höchsttaten heraus.

Die Kunst des Lobens

Loben will gelernt sein

Versetzen wir uns doch mal in die Situation, was wäre, wenn die- oder derjenige gar nicht da wäre. Wenn die geleistete Arbeit von uns zusätzlich übernommen werden müsste. Na, klingelt es? Wie gut, dass jemand all die Arbeit macht, die ich nicht (auch noch) machen kann oder die der andere besser erledigt. Ein ausgesprochenes „DANKE!" wäre dann ein Lob, welches meine Blickrichtung deutlich macht und demjenigen Anerkennung und Wertschätzung gibt, dem sie gehört. Danke kann man kaum genug sagen … „Danke, dass du für mich diese Aufgabe/Arbeit übernommen hast. Damit nimmst du mir sehr viel Arbeit ab." Der Dank und das Lob ist in diesem Fall deutlich erkennbar. Wenn Sie loben wollen, machen Sie kein Ratespiel für den anderen aus Ihren Sätzen, sodass der andere gezwungen ist zu interpretieren, was Sie eigentlich gemeint haben. Versuchen Sie klar und deutlich zu formulieren, was Ihr Lob und was Ihren Dank ausmacht.

Loben Sie nur, wenn es etwas zu loben gibt!

Das Lob sollte immer authentisch, also echt sein. Zum einen muss das Lob auch dem entsprechen, was gelobt werden soll, zum anderen muss derjenige, der lobt, das

Gelobte auch tatsächlich als lobenswert ansehen. Darum: Loben Sie nur, wenn es wirklich etwas zu loben gibt.

Das unechte Lob. Hier wird nur um des Lobens willen gelobt. Tatsächlich kann der Lobaussprechende keinen Zusammenhang erkennen zwischen dem, was der Gelobte angeblich geleistet haben soll, und dem ausgesprochenen Lob. Das Lob wird nur der Form halber ausgesprochen. Manche haben sich einfach angewöhnt, immer zu loben, egal ob ein Lob berechtigt ist oder nicht: Weil es so schön ist, weil andere sich geschmeichelt fühlen, weil es sich gut für den Lobenden anfühlt oder aus was für Motiven auch immer. Darum wird mit dem Lob um sich geworfen. Damit wird es inflationär gebraucht und genauso vom Gelobten empfunden: als nicht gerechtfertigt, nicht verdient, nicht der Leistung entsprechend, als gönnerhaft, eben als unecht.

Das geheuchelte Lob. Eigentlich will der Lobende nicht loben, aber andere erwarten es oder andere loben auch, während er daneben steht. Er steht damit quasi unter Zugzwang oder fühlt sich zum Lob genötigt. Das Lob erfolgt, wird möglicherweise auch in schöne Worte verpackt und in großer Pose dargebracht. Es ist, was es ist – geheuchelt und damit unehrlich!

Aus dem Blickfeld des Lobenden hat der Gelobte sowohl beim unechten als auch beim geheuchelten Lob in Wirklichkeit keine Leistung erbracht. Diese Haltung, dieses ausgesprochene Lob ist durchschaubar – meistens für alle. Es verletzt und demütigt den Gelobten und dies möglicherweise nachhaltig und aufs Tiefste.

Darum: Loben Sie authentisch und nur das, was Sie wirklich als lobenswert ansehen und erkennen!

Trotzdem gilt: Es gibt mehr zu loben, als ich selbst in der jeweiligen Situation erkennen kann. Daher sollte mehr gelobt werden. Keiner ist das Maß aller Dinge. Nicht wie ich es sehe, ist es richtig, korrekt und einzig machbar. Tatsächlich Geleistetes kann immer aus verschiedenen Perspektiven gesehen werden.

Tipps

Bitten Sie andere um ihre Beurteilung, um ihre Sicht. Fragen Sie Familienmitglieder (eigene Eltern, Geschwister, beste Freunde), wie sie zum Beispiel die Schulleistung des Kindes sehen. Es könnte sein, dass plötzlich Parallelen zu Verwandten deutlich werden, die ähnliche Schulprobleme gehabt haben, aber heute sehr gut im Leben klarkommen und beruflich erfolgreich sind. Fragen Sie als Vater die Mutter (und umgekehrt) nach der jeweiligen Sicht auf das, was das Kind gemacht, gesagt, getan hat. Gerade in der Pubertät ist die Bewertung unterschiedlicher Personen hilfreich. So kann mancher „Kaktus" doch noch seine Umarmung erfahren. Beziehen Sie als Verantwortliche in Gemeinde, Beruf, Familie immer andere Beteiligte mit ein. Das weitet die Sicht. Andere nehmen häufig etwas wahr, was mir verborgen bleibt, was aber ein echtes Lob verdient. Anderen fällt es möglicherweise viel leichter, ein Lob auszudrücken, und zwar auch dann, wenn ich nichts Lobenswertes erkennen kann. Im Nachhinein erweist sich das sehr oft als richtige und weise Entscheidung.

Es lohnt sich, auch durch die Brille des anderen sehen zu lernen.

Zum einen hat jeder von uns seine eigene Lebensgeschichte. Manches bewertet man anders, was man selber durchlebt, durchlitten hat. Wird feinfühliger, weitsichtiger, barmherziger. Offener für die Verletzungen anderer und kann daher auf eine gute und gesunde Art und Weise mit Wertschätzung und Ermutigung ausgleichen, was diejenigen, die keine Krisen, keine Schmerzen, keine Krankheiten kennen, nicht einmal ansatzweise begreifen können.

Zum anderen sehen, bewerten und reden wir defizitorientiert. Wir nehmen wahr, was nicht gut ist, was fehlt, was der andere nicht kann oder nicht mehr hat, und das äußern wir auch. Immer wieder und immer wieder sehr gerne.

Bemühen Sie sich um ein umfassenderes Bild des anderen. Wir sehen immer nur einen kleinen Ausschnitt. Uns muss bewusst werden, dass diese Orientierung am Defizit verletzt, degradiert und ausgrenzt. So beschreiben wir den anderen selektiv, ordnen ihn nach unseren Wahrnehmungen ein und geben ein eingeschränktes Bild vom Betroffenen wieder. Beispiele: Der Junge mit einer körperlichen Einschränkung wird zum Behinderten, die Frau mit einer Krebserkrankung zur Krebskranken, der Mann, dessen Frau verstarb, zum Witwer … Nach diesem Schema wird benannt und geurteilt.

Daraus ergeben sich zwei Probleme. Natürlich, alles Beschriebene ist tatsächlich vorhanden, aber der Betroffene bleibt in unserer Sprachwahl auch in diesem Schema, wenn die eigentliche Situation schon gar nicht mehr vorhanden ist.

Außerdem sollte die Wahrnehmung oder Erkenntnis

uns nachdenklich machen: All das ist immer nur ein Teil der Lebenssituation des anderen. Vielleicht erlebt jemand durch den Verlust des Ehepartners oder durch eine schwerwiegende Krankheit Einschränkungen in einer neuen Lebensrealität, die seine oder ihre Umstände des Alltags verändern und seelische Nöte auslösen. Der Betroffene braucht hier möglicherweise Hilfe und Begleitung (auch seelsorgerliche). Die Einschränkung an sich macht aber nie den Menschen und die Wertschätzung ihm gegenüber aus, wie unsere Wortwahl das vermuten lässt. Mit unserer Aussage reduzieren wir seine Persönlichkeit auf das von uns empfundene Manko und verhindern möglicherweise eine gute Krisenverarbeitung.

Unsere aufrichtige Begleitung, ehrliche Anerkennung, Wertschätzung und Ermutigung schaffen hier Wunder und ermöglichen Menschen in Krisensituationen soziale Teilhabe am gesellschaftlichen Leben. Wer will, findet bei jedem Menschen in jeder Situation etwas Lobenswertes!

Finden Sie eine passende „Messlatte" für das Tun eines Menschen. In unserer Gesellschaft herrscht ein hohes Leistungsdenken, die Messlatte bei den Anforderungen an sich selbst hängt hoch. Leistung ist gefragt und wird honoriert. Der Leistungsgedanke ist aber oft auch erbarmungslos. Nicht jeder ist in der Lage, diese Leistung so zu erbringen, wie sie eingefordert wird. Aus dieser Erkenntnis heraus legt manch einer seine Messlatte für Leistungen bewusst niedriger an. Vielleicht auch deshalb, weil er selbst erlebt hat, wie schmerzvoll es ist, wenn immer nur die Leistungen anderer gelobt werden, obwohl diese einfach über mehr geistiges oder körperliches Leistungspotenzial verfügen. So sollte ein Kind mit Einschränkungen anders gelobt werden als ein Kind, welches von Natur aus mit reichem Leistungspotenzial gesegnet ist.

Das muss uns als Erziehenden bewusst sein. Wir müssen hier punktuell und gezielt Lob ansetzen, und zwar in dem Maße, wie der andere es benötigt. Wir Menschen haben alle unsere Schwächen, unsere Leistungsdefizite und Begrenzungen. Aber trotz ihrer Begrenzungen leisten einige Unglaubliches und geben alles, wie es so schön heißt. Manch ein Mensch hat mich enorm beeindruckt durch seine Willensstärke, eine Aufgabe gut zu erledigen, seine Arbeit gut auszuführen, und das trotz einer zugrunde liegenden Mehrfachbehinderung. Trotz ständig wiederkehrender Frustrationserlebnisse. Die Krönung war das „Ich habe es geschafft!".

Wie gut, wenn dann Menschen da sind, die dies mit begeistertem Lob begleiten. Wer in die strahlenden Augen eines Menschen sehen darf, der gelobt worden ist, sieht über den Augenblick hinaus. Lob schafft für den Gelobten neue Perspektiven.

Wir können als Einzelne, aber auch als Gesellschaft viel von behinderten Menschen lernen. Ich jedenfalls habe viel von ihnen gelernt und bin für die gemachten Erfahrungen sehr dankbar.

Loben will gelernt sein – Kritik geht immer ...

Läuft etwas nicht so, wie wir uns das vorstellen, kommt schnell die Kritik. Dann ist für das Lobenswerte oft nur wenig Platz. Schlimmer noch, eine Anerkennung findet gar nicht erst statt.

Da wird schnell alles zerrissen und bewertet und auf die sprichwörtliche Goldwaage gelegt, um dann festzustellen, was alles nicht so ist, wie ich mir das vorstelle.

Kritik kann berechtigt sein, keine Frage. Kritik muss sein dürfen. Aber unter fairen Maßstäben. Und unter sachlichen Voraussetzungen. Aber leider neigen wir Menschen schnell zur Kritik, sehen jedes Defizit und verreißen alles und jedes. Längst nicht jede Kritik ist gerechtfertigt. Und doch sind wir schnell damit „bei der Hand".

Warum kritisieren wir so viel bei anderen und verweigern das Lob? Ist es der Neid, der das Loben des anderen nicht zulässt? Vielleicht weil ich den empfundenen Erfolg des anderen nicht aushalten kann, weil ich ihn als Triumph wahrnehme? Einen Triumph, den ich für mich selbst in Anspruch nehmen möchte?

Oder worauf richtet sich sonst mein Blick? Etwa auf die Vorteilssuche und den Satz: „Was nützt es mir, was der andere gemacht hat?" Drehen wir uns an dieser Stelle um unsern eigenen Nabel? Geht es uns wie unserer Gesellschaft nur nach dem Potenzial, wie jemand uns nützen kann? Etwa um die Beziehungen eines Menschen, der mir von seiner Funktion her etwas nützt, dessen

Geld oder Bekanntheitsgrad mir Gewinn bringt und dessen Leistung mich in seinen Vitamin-B-Kreis integriert, von dem ich wiederum zu profitieren hoffe? Setzen wir demgemäß Lob und Kritik an? Lob, Anerkennung und Wertschätzung für den, der mir etwas nützt, Kritik bei allen anderen?

Vielleicht hilft hier ein konkreter Wechsel der Blickrichtung: Sehen wir beim Loben auf den Blickwinkel des anderen! Es geht doch gar nicht um mich und meine Befindlichkeiten. Sehen wir seine Bemühungen, seine Arbeit, sein Engagement, seine Motive des Handelns. Das hilft und korrigiert, bei Mitarbeitern, Kindern, in der Ehe, der Familie, bei der Arbeit.

Elke hätte diese Sicht gut getan. Sie hätte innerlich wachsen können. Wie gut, wenn wir jemanden an der Seite haben, der uns hier fördert und auch fordert.

Wir brauchen auch die menschliche Bestätigung. Und diese fehlt nur allzu häufig. Nicht immer reicht es zu wissen, dass die Kinder Gottes einen starken Herrn an ihrer Seite haben, der sie unendlich liebt und täglich in echter Beziehung an ihrer Seite steht.

Von Jesus lernen

Für Christen gilt die Devise: Gott sieht das Herz an, also die Motive des Handelnden. Aus der Bibel können wir lernen: Der andere muss sich nicht vor mir, sondern vor Gott verantworten.

Wie sieht Gott mein Handeln? Sagt er Ja zu meinem Tun? Egal wie Menschen mich auch beurteilen, letztendlich kommt es auf das Urteil Gottes an. Wer gelernt hat, sich hier Gott allein anzuvertrauen, macht sich von menschlichen Urteilen frei. Das schenkt Christen die Freiheit, sich auf der Spielwiese des Lobens, der gegenseitigen Anerkennung, der Wertschätzung zu tummeln. Nicht aus menschlichen Motiven allein, sondern auch weil Jesus selbst uns diese Wertschätzung und Anerkennung entgegenbringt. Weil er es uns so vorgelebt hat und weil seine Nachfolger von ihm lernen dürfen und sollen.

Tipps

Wenn Sie loben, lassen Sie die Kritik weg! Wir neigen dazu, dem Lob gleich die Einschränkung der Kritik folgen zu lassen. Dadurch machen wir aber die positiven Aspekte des Lobes gleich wieder zunichte. Vielleicht ist das nicht immer überall einsetzbar (zum Beispiel in Prüfungssituationen), aber die Frage ist zumindest bedenkenswert: *Was zerstöre ich am Lob, wenn die negative Kritik prompt folgt? Was erreiche ich damit?*

Ist Kritik trotz des Lobes notwendig, sollte diese Kritik in einem zweiten Gespräch in einer guten, entspannten Atmosphäre geäußert werden und nicht zwischen Tür und Angel.

Lassen Sie abwertende Bemerkungen, die sich auf Vergangenes beziehen, weg. Beispiel: „Heute hast du das sehr gut gemacht, aber neulich war ich gar nicht mit deiner Leistung zufrieden." Hierdurch wird das Lob enorm geschmälert und kann nicht die volle Motivationskraft bewirken. *Das Lob soll aufbauen, nicht runterziehen.*

Auch ein Vergleich mit „früher", mit Kollegen, anderen Kindern oder Schülern, zieht mehr herunter, als dass er Positives bewirkt. Beispielsituation Lehrer und Schüler: „In dieser Klausur hast du elf Punkte geschrieben, aber früher war ich von dir noch Besseres gewöhnt." Auch wenn das vom Kontext her stimmen mag und der Schüler in der Vergangenheit noch bessere Leistungen gehabt haben sollte – auf die geschriebenen elf Punkte passt der Zusammenhang in jedem Fall nicht. Möglicherweise hat die Leistungsdelle, als die der Lehrer die elf Punkte wahrnimmt, beim Schüler eine Ursache, die dem Lehrer bislang verborgen geblieben ist. Das sollte dann in einem gesonderten Gespräch geklärt werden. Es gehört nicht in das hier ausgesprochene, fast beiläufig erfolgte Lob.

Das folgende Beispiel zwischen Lehrer und Schüler gibt zwar auch einen Tipp, aber der Zusammenhang klingt nicht positiv: „Dein Referat heute war ganz gut, aber früher hast du immer noch etwas Besonderes angefügt, wie ein Zusatzposter oder eine kleine PowerPoint-Präsentation. Das fand ich richtig klasse." Auch hier schränkt der Vergleich mit früher ein. Besser wäre es, zunächst das gute Referat zu loben und dabei herauszustellen, worin das Lob begründet liegt. Am Schluss des Gesprächs kann dann als Tipp der Hinweis mit dem Zusatzposter oder der PowerPoint-Präsentation erfolgen.

Auch Eltern sollten beim Loben ihrer Kinder das Vergleichen mit früheren Situationen wie auch mit den Geschwistern oder anderen Kindern vermeiden. Entscheidend ist das, was dieses Kind geleistet hat. Lassen Sie das Lob einfach als Lob stehen!

Bei der Kombination Lob und Vergleich mit früher oder anderen wird der Blick vor allem auf die vergleichend negative Satzaussage gerichtet und bleibt beim Zuhörenden hängen. Das eigentliche Lob verschwimmt und erscheint unbedeutend.

Das Vergleichen an sich, ob nun mit früheren Situationen oder mit anderen Personen, gehört sowieso auf den Prüfstand: Wem soll damit eigentlich gedient sein, wem positiv geholfen werden?

In der Regel beißen sich Kritik und Lob, aber nicht immer. Anders ist es zum Beispiel:
- im Klärungsgespräch – einem klärenden Gespräch, bevor ein Konflikt ausbricht,
- im Konfliktgespräch,
- im Mitarbeitergespräch beim Bilanzziehen.

In diesen drei Gesprächsformen müssen Lob und Kritik beide ihren Platz und ihre Berechtigung haben. Ein Klärungsgespräch, in dem ich dem anderen nur meine Kritik entgegenschleudere, wird genauso wenig konstruktiv verlaufen wie eines, in dem nur Lob geäußert wird. Ein Konfliktgespräch wäre kein Konfliktgespräch, wenn nur Lobendes auf den Tisch käme. Ein Bilanzziehen ohne kritische Anmerkungen, ohne kritische Reflexion bringt genauso wenig für die Zukunft wie eine harte, kritische Bilanzierung ohne eine positive Bewertung dessen, was geschaffen und erreicht wurde, ohne positiv angesprochene Leistungen und Ereignisse.

Wir dürfen uns an dem Erreichten erfreuen und an dem noch nicht Optimalen weiterarbeiten. Auch das kann Mut machen, Aufgaben und Arbeit in Zukunft anzupacken. Arbeiten wir an der Motivation, nicht an der Demotivierung von Mitarbeitenden.

Wichtig bei allen Gesprächen ist aber immer:
Schaffen Sie im Vorfeld eine geeignete Gesprächsumgebung, nehmen Sie sich Zeit und signalisieren Sie, dass Sie Zeit haben, dass der andere und das Gespräch Ihnen wichtig sind. Ein zarter Hinweis für Männer: Frauen lieben es in der Regel, wenn auch die Umgebung Ruhe und Gemütlichkeit ausstrahlt. Also nicht zwischen Tür und Angel und auch nicht zwischen ungemütlichen Müll- oder Wäschebergen.

Lob erkennen, weil die Kritik ausbleibt

Elke hat nur sehr selten erlebt, dass sie für etwas, was sie getan hat, gelobt wurde. Mit Kritik ist sie überschüttet worden. Was sie gut gemacht hat, wurde von ihr erwartet und brauchte selbstverständlich auch nicht positiv herausgestrichen zu werden: nicht bei ihren Eltern, nicht bei ihrem Arbeitgeber, ihrem Ehemann, den Kindern oder in ihrer Gemeinde. Für alle war und ist es selbstverständlich, dass Elke tut, was sie kann, sich engagiert ...

Dabei wird das, was sie macht, durchaus geschätzt. Aber ihr wird dies nur daran deutlich, dass keine Kritik kommt. So muss sie quasi aus dem Ausbleiben der Kritik herausfiltern, dass sie ihre Sache gut gemacht hat.

Der Umgangsstil, aus dem Ausbleiben von Kritik das Lob herausfiltern zu müssen, scheint gängige Praxis zu sein. Zumindest kann er sehr häufig so beobachtet werden, wie Elke es erlebt hat.

Manchem, der Leitungs- und Führungsqualitäten in sich vereint, reicht es aus, wenn keine Kritik kommt. Er strotzt voll Selbstbewusstsein, packt an, agiert und nimmt die Selbstbestätigung aus der eigenen Schaffenskraft heraus. Er oder sie sieht sich bestätigt durch die ausbleibende Kritik. Anscheinend benötigen solche Führungspersönlichkeiten keine Anerkennung. Ob dies dann auch wirklich den Tatsachen entspricht, darf bezweifelt werden. Zu auffällig ist dann doch der große Run auf Belobigungen, Auszeichnungen und das große Interesse nach beruflichem und privatem Weiterkommen, nach Aufstieg und neuen Machtpositionen. Aber wie es sich im Einzelfall auch verhalten mag, Leitungs- und Führungspersönlichkeiten sollte bewusst sein, dass ihnen anvertraute Mitarbeiter auf ausgesprochenes (berechtigtes) Lob und Anerkennung warten und daraus eine Motivationssteigerung für sich ziehen.

Ist das Selbstwertgefühl aber nur wenig entwickelt, sind die Minderwertigkeitsgefühle groß, kann eine sachliche Einschätzung eigener Kompetenzen nicht stattfinden. Elke war nicht in der Lage zu analysieren, wo ihre Stärken, ihre Fähigkeiten liegen, ihrer Meinung nach hatte sie gar keine. Vielen ergeht es ebenso. Schuld sind nicht die Menschen, deren Selbstwertgefühl gering ist oder die vom Minderwertigkeitsdenken geprägt sind. Schuldig macht sich, wer das Lob verweigert und gegenüber Kindern oder Erwachsenen trotz erfolgter Leistung Anerkennung, Wertschätzung, Respekt und Achtung nicht offen ausspricht. Hier findet durch Missachtung elementarster Umgangsregeln eine menschliche Tragödie statt.

Ein unguter Satz, der mir bei meinen Recherchen begegnet ist, bringt eine weitere Haltung zum Ausdruck, die sich regional leider gar nicht so selten durchgesetzt hat: „Nicht geschimpft ist genug gelobt!" Eine Haltung, die meiner Meinung nach gründlich überdacht werden sollte. Wem will ich hiermit denn etwas Gutes tun? Derjenige, der nach diesem Spruch verfährt, setzt voraus, dass in der Erziehung, im Alltag, im Leben, das Schimpfen an sich der Maßstab allen Handelns ist. Nichts ist gut genug, alles muss verbessert werden, Schimpfen ist angesagt.

Da kann man sich noch so sehr bemühen, alles endet negativ. Das Leben nach diesem Motto kann nur Verletzungen (und Verletzte) hervorbringen.

In beiden Fällen findet ein regelrechter Ratewettbewerb statt: Du hast deine Arbeit gut gemacht, weil keine Kritik erfolgt, weil keiner schimpft, weil keiner etwas Negatives äußert, keiner dein Tun und Handeln kritisch zerreißt. Mit anderen Worten: Rate, was die anderen denken, was sie dir eigentlich sagen wollen, wie du in Zukunft handeln sollst. Dieser Ratewettbewerb bringt nichts als Frust. Frust, weil ich raten muss, wie meine Leistung/mein Handeln bewertet wird. Frust, weil keine Anerkennung erfolgt, Frust, weil für mich nicht deutlich ist, warum geschwiegen wird. Ist das wirklich Anerkennung? Wertschätzung? Oder verbirgt sich dahinter Gleichgültigkeit und Nichtinteresse dem anderen gegenüber? Es wird geschwiegen. Warum auch immer. Das Raten kann beginnen …

Das kleine Abc des Lobens

Sprechen Sie das Lob zielgerichtet aus!

Was war gut? Was hat sie oder er gut gemacht? Versuchen Sie so konkret wie möglich zu sein. Machen Sie sich schon im Vorfeld Gedanken darüber. Sprechen Sie in der Ich-Form (Ich bin stolz auf dich, weil du …), nutzen Sie nicht das unpersönliche „man". (Da wird man ganz stolz, wenn man solch eine Tochter hat, die …) Das „man" bringt immer eine Distanz mit sich. Das „ich" integriert und verbindet.

Sagen Sie es direkt demjenigen, den es betrifft, der das Lob verdient hat. Wenden Sie keine Stille-Post-Funktion an, übermitteln Sie also das Lob nicht über Dritte. Sonst könnte es verloren gehen oder auch massiv an Aussagekraft verlieren.

Sprechen Sie das Lob zeitnah aus. Nicht Tage oder Wochen später!

Ein Lob, das viele Tage später kommt, hat an Kraft verloren. Die Situation, für die gelobt wird, muss oft rekonstruiert werden. Es stimmt zwar der Satz: „Lieber spät als nie", aber trotzdem ist das zeitnahe Lob deutlich motivierender und einleuchtender als ein späteres. Lobe ich zeitnah, ist die Situation noch vertraut und das Lob gerät nicht in Vergessenheit.

*Auch das Alltägliche und Selbstverständliche
darf gelobt werden!*

Probieren Sie es aus: „Ich habe mich gefreut, dass du einkaufen gegangen bist. Das hast du super gemacht!"
Auch das Alltägliche, Selbstverständliche darf gelobt werden. Das vergessen wir leider in der Hektik des Alltags immer wieder. Und das ist sehr schade! Wir lieben die Sonnentage im Jahr. Wie viel mehr Sonnenstrahlen könnten wir durch ein ehrlich empfundenes Lob in unsere Familien, unsere Gemeinden, unsere Arbeit hineintransportieren!

Es ist gar nicht so schwer: „Schön, dich zu sehen! Ich habe mich so gefreut, dass du dein Zimmer aufgeräumt hast." „Wow, das hast du aber gut gemacht." „Weißt du eigentlich, wie sehr ich dich liebe, weil du so bist, wie du bist?" Das alles ist für Sie kein richtiges Lob? Probieren Sie es trotzdem einfach mal aus. Sie werden sich wundern, wie positiv der andere reagiert. Wir denken häufig, unser Lob sollte nur das Besondere, das Außergewöhnliche oder eine hervorragende Leistung benennen, und übersehen allzu leicht ganz normale Alltagssituationen. Aber gerade in diesen ist das selbstverständlich ausgesprochene Lob ein großer Motivator.

Lassen Sie Sätze wie: „Na, geht doch!" oder „Wenn du willst, klappt das also doch" weg! Einer guten Lobkultur stehen sie im Weg und sollten gar nicht erst gesagt werden. Letztendlich verletzen solche Sätze aufgrund der unklaren und doppeldeutigen Botschaft den anderen nur, auch wenn sie zunächst peppig klingen mögen. Selbst wenn sie flapsig gemeint sind, auflockernd – der andere muss die Botschaft interpretieren. Erwischt sie ihn auf der Beziehungsebene, wird sie in der Regel falsch verstanden. Sie als Lob zu erkennen, braucht schon eine gehörige Portion Humor und Fantasie.

Verbiegen Sie sich nicht beim Loben.
Ein Lob sollte von Herzen kommen

Das Lob sollte vom Absender ehrlich und aufrichtig gemeint sein. Es muss authentisch, glaubwürdig und persönlich empfunden werden und von Herzen kommen.

Damit es von Herzen kommen kann, braucht es vielleicht eine Änderung unserer Sichtweise. Wenn wir uns das Loben angewöhnen, wird dies schnell zum selbstverständlichen Teil unseres Denkens und Redens. Jeder macht irgendetwas gut! Jeder! Uns fehlt oft nur die richtige Brille der Aufmerksamkeit: Ob etwas gemacht wurde, was meine Wertschätzung, meine Anerkennung verdient, muss ich auch *erkennen wollen*.

Setzen wir uns die Brille des Lobens auf, sehen durch sie hindurch und freuen uns über motivierte, engagierte Menschen in unserer Umgebung!

Jeder macht irgendetwas gut!

Herausfinden, was der andere gut macht

Alles das, was ich erkenne, kann ich verändern. Darum ist es immer wieder wichtig, einfach mal Bilanz zu ziehen und eine Analyse zuzulassen. So kann ich meinen Blickwinkel auf andere verändern, die mir anvertraut sind, und konkrete Schritte für eine Korrektur meiner Sichtweise anstreben. Dabei ist es hilfreich, Fragen zuzulassen, sich Fragen zu stellen. Die folgenden Überlegungen, Fragen und Hinweise können bei der Analyse „Was andere gut machen" weiterhelfen.

- Bei der besten Freundin/dem besten Freund fällt es uns sofort ein.
- Bei Menschen, die wir lieben, die wir sehr schätzen und die uns sympathisch sind, auch.
- Und bei den anderen? Bei denjenigen, die wir notgedrungen um uns haben, weil sie Kollegen sind oder Mitarbeiter in Ehrenämtern, Gemeinden, Parteien …? Gelingt es mir herauszufinden, was sie an Gutem leisten? Oder ist meine Brille neidgetränkt, weil sie und nicht ich die Aufmerksamkeit der Leitenden bekommen?
- Wie ist das bei Menschen, die anders denken als wir? Die wir als „speziell", als merkwürdig, als skurril einsortieren? Gelingt mir hier eine positive Sicht auf das, was sie leisten? Gönne ich ihnen Wertschätzung, Anerkennung und Aufmerksamkeit? Oder macht sich mein Egoismus breit und dreht sich um meinen eigenen Nabel?

Wer setzt eigentlich den Maßstab für „speziell" sein? Verstecken wir uns dabei hinter dem Wir – wir sind so, wie man sein soll? Und dann sortiere ich den anderen in eine Schublade? Oder traue ich mich, an dieser Stelle beim Ich zu bleiben? Müsste es nicht eigentlich heißen: Ich empfinde sie als merkwürdig und komme mit ihnen nicht zurecht? Bei „wir" beziehe ich alle Anwesenden ein, ob sie wollen oder nicht, ob sie gleicher Meinung sind oder nicht. Ich entscheide für alle, weil ich zu feige bin, von mir und meiner Sichtweise zu reden.

- Wie ist das mit dem Loben bei Pubertierenden? Finden wir auch dann Lobenswertes, wenn sie in der Phase sind, wo sie uns als Eltern leicht angreifen, wo sie „rumzicken"? Wenn sie für uns unlogische, nicht nachvollziehbare Argumente und Gründe haben, warum was wie gerade nicht so sein kann, wie wir das wollen oder sehen? Zum Glück ist ja nicht die ganze Pubertät von dieser eigenwilligen Wahrnehmung ausgefüllt. Diese Phase ist anstrengend. Sie ist ungerecht. Sie ist anmaßend. Aber sie ist auch absolut notwendig, damit Jugendliche zu gestandenen Erwachsenen werden können. Pubertierende haben sich selbst oft nicht im Griff, die Hormone spielen verrückt. Wie gut, wenn Eltern hier mit Gelassenheit und Geduld reagieren können und trotzdem weise und mit Ermutigung, Lob, Wertschätzung und viel Liebe diese Lebensphase begleiten.
- Finden unsere alten Eltern unsere Wertschätzung, unsere Anerkennung, unser Lob, auch wenn sie ihr Leben anders leben wollen, als wir das wollen? Wenn wir ihre Gründe nicht nachvollziehen können, wenn uns die Gründe nicht behagen, nicht gefallen? Wie ist das, wenn sie plötzlich Hilfe benötigen, aber anders, als wir diese zu geben bereit sind? Sehen wir dann noch auf das, was sie gut können, was ein Lob verdient, oder sehen wir nur auf die Einschränkungen, die die veränderte Welt der Eltern auch für uns mit sich bringt?

Welche Einstellung habe ich generell alten Menschen gegenüber? Welche behinderten Menschen? Außenseitern? Sehe ich sie mit Wertschätzung, mit Barmherzigkeit oder degradiere ich sie durch meine Sichtweise, mein Verhalten, mein Reden? Vor einiger Zeit wurde öffentlich von „Rentnerschwemme" in Deutschland geredet. Welche eine negative Ausdrucksform, die tiefe Verachtung (oder auch Angst) erkennen lässt. Wir sollten auf unsere Wortwahl achten. Meine Worte drücken aus, was ich im Herzen denke.

Ein Rat an dieser Stelle erscheint mir besonders wichtig: „Achte auf deine Gedanken und Gefühle, denn sie beeinflussen dein ganzes Leben" (Sprüche 4,23). Unsere Gedanken werden zu Worten. Worte, die unsere Gefühle ausdrücken und beeinflussen. Im Buch der Sprüche werden wir dazu aufgefordert, aktiv unsere Gedanken und Gefühle zu bedenken. Aktiv, das meint, ich bin gefordert, meine Worte sorgsam zu überlegen, sie zu reflektieren und (zu lernen) sie sorgsam zu wählen.

Jeder macht irgendetwas gut. Ich muss es nur erkennen wollen. Das kostet Mühe und Zeit, aber es schafft eine enorme Toleranz und gegenseitige Liebe. Da, wo das Lob gelebt wird, kann es weite Kreise ziehen.

Was der andere gut macht –
Persönliche Analyse

- Ausgangsfrage: Was hat die oder der andere gut gemacht? Sammeln Sie das zu Lobende und *notieren Sie es sich als Erinnerungsstütze*. Wir sind vergesslich. Ganz besonders in Bezug auf Positives. Negatives behalten wir merkwürdigerweise oft viel besser.
- Was fällt Ihnen spontan ein, wenn Sie an die Person denken? Hat sie besondere Fähigkeiten, besondere Fertigkeiten? Welche sind das?
Bei einer ausführlicheren Analyse: 1. Was schätze ich an der anderen? In welcher Situation habe ich sie erlebt? Was hat sie dabei gemacht, was war richtig gut? Hat sie mir damit Arbeit abgenommen? Schreiben Sie Ihre Erkenntnisse für sich auf und formulieren Sie daraus ein authentisches Lob, welches Sie aussprechen oder auch in schriftlicher Form weitergeben wollen.
- Weitere Fragen, die zum Erkennen von Lob führen: Was zeichnet die andere aus? Ist sie besonders herzlich zu anderen, liebevoll, barmherzig, geduldig, vorurteilsfrei, andere annehmend, hingebungsvoll? Hat sie besondere Gaben im Umgang mit anderen? Hat sie besondere Begabungen und lässt andere daran teilhaben? Denken Sie sich bei diesen Fragen auch in die andere Person hinein: Gibt es zum Beispiel irgendetwas, was besonders wertvoll wird durch eine körperliche oder geistige Einschränkung, die die andere hat und durch die das, was geleistet wird, ein Mehrfaches an Engagement bedeutet? Oder liegen beson-

ders schwere Lebensumstände vor? Arbeitet jemand zeitintensiv mit, obwohl derjenige eine Familie/alte Eltern/Schwerstkranke usw. zu versorgen hat?
Also, was kann und sollte ich loben? Wie gut tut es, wenn in diesen Fällen die Wertschätzung in besonderer Weise und verstärkt geäußert wird!

Was der andere gut macht – Analyse im Team

Legen Sie zunächst als „Leiter" konkrete Fragen für die Teamsitzung fest. Damit helfen Sie den anderen aus dem Team, sich zu orientieren. Achtung: Es geht hier nur um das Bilanzieren und Erkennen von gegenseitiger Wertschätzung und Anerkennung. Eine weiterführende Auseinandersetzung mit Kritikpunkten ist nicht Gegenstand dieses Buches. Hier soll es um ein gutes Echo für die Einzelnen innerhalb eines Teams gehen.

Situation: Im Vorfeld vom Leiter zu bedenken: Über welche Situation soll reflektiert werden? (Konkrete Situation, konkreter Zeitpunkt, konkrete Zeitphase benennen oder festlegen und dann im Team vorstellen.)

Auswertung im Team

1. Situationsschilderung vom Leiter (zum Beispiel letzte durchgeführte Veranstaltung, Kinderprogramm am …).
2. Was ist gut gelaufen? Sammeln Sie gemeinsam die Eindrücke, ohne diese gegenseitig zu bewerten. Jeder

hat hier unter Umständen eine eigene Sichtweise. Schreiben Sie für alle sichtbar auf, was genannt wird (Flipchart, Tafel).
3. Warum ist es gut gelaufen? (Was wurde gemacht, damit es gut lief?)
4. Wer war beteiligt?
5. Was hat XY in der jeweiligen Situation gut gemacht? Wofür sprechen wir unser Lob aus?
6. Wer überbringt demjenigen das Lob, der nicht anwesend ist? Das ist ein ganz wichtiger Faktor. Häufig erhalten die Abwesenden von irgendjemandem einen Kurzbericht über die Teamsitzung. Wertschätzung, Anerkennung und Lob bleiben so häufig auf der Strecke oder werden subjektiv geschmälert weitergegeben.
7. Zeit für die Einschätzung nehmen, Bilanz ziehen. Bedenken Sie dabei auch die oben genannten Fragen.

Selbstverständlich kann im Anschluss sehr wohl auch bedacht werden, was verbessert werden sollte, was in der genannten Situation nicht so gut gelaufen ist. Bitte mischen Sie aber die Fragen nach Lob und Kritik nicht. Sonst schränkt die (berechtigte) Kritik das Lob empfindlich ein. Bleiben Sie als Team bei der Bewertung der zu kritisierenden Punkte sachlich, werden Sie beim Loben persönlich, herzlich und zugewandt.

Manche Situationen ermöglichen es, sich konkret über eine (meistens abwesende) Person Gedanken zu machen. Typische solche Gelegenheiten sind zum Beispiel: ein besonderes Jubiläum (Ehe- oder Arbeitsjubiläum, Jubiläum im Ehrenamt, runder Geburtstag), Schul- oder Berufsabschluss, Erreichen des Rentenalters, Verabschiedung und Wegzug eines Mitarbeiters oder eines Freundes, öffentliche Belobigung oder Ähnliches. Da fällt es nicht schwer, Wertschätzendes und zu Lobendes konkret zu benennen.

Manchmal ist es aber auch erforderlich und hilfreich, bewusst im Team oder in der Familie zu überlegen, was XY dem Einzelnen und der Gruppe eigentlich bedeutet. Das ist gerade dann wichtig und notwendig, wenn die betroffene Person XY nicht so integriert ist oder auch, wenn sie „anders" ist in den Augen der Team- oder Familienmitglieder oder sich anders/auffällig verhält.

Wer um Lob, Anerkennung und Wertschätzung weiß und diesen nicht mehr nachjagen muss, hat die Chance auf echte und erlebbare Integration und Veränderung. Aber auch das muss uns bewusst sein: Einige Situationen erfordern per se reine Konfliktgespräche mit XY. Aber auch hierbei sollte Lobenswertes zumindest im zweiten Schritt Beachtung finden und ausgesprochen werden. Das Motiv für Gespräche mit den Betroffenen darf und sollte Ermutigung und innerer Aufbau sein und kann somit indirekt zur positiven Lebensausrichtung ermutigen.

Auf der Suche nach dem zu Lobenden können die folgenden Anmerkungen, Überlegungen und Fragen weiterhelfen.

In gemütlicher Runde setzen sich Mitarbeiter, Familienmitglieder oder Freundinnen an einen Tisch und überlegen gemeinsam:
- was gelobt werden sollte, was wertgeschätzt werden muss, wer Anerkennung und Lob verdient, wem es guttut, weil er/sie es nie erlebt hat;

- in welcher konkreten Lebenssituation der zu Lobende ist. Versuchen Sie dabei, durch die Brille des zu Lobenden zu sehen. Manches, was mir nicht gut genug vorkommt, ist für denjenigen, der es praktiziert hat, eine Meisterleistung. Seien Sie barmherzig;
- andere sehen und beurteilen anders, als ich es tue. Manchmal erkennen andere irgendetwas, was ich nicht sehen kann. Die eigene Sicht ist nicht immer die einzig Richtige. Aus mehreren Blickwinkeln betrachtet, ergibt sich manches Mal eine wunderschöne Komposition von Wertschätzung. Hierin liegt zusätzlich die persönliche Chance, um über den Tellerrand der eigenen Bewertung sehen zu lernen.

Sind viele Personen beteiligt, kann die Frage „Was hat XY in der jeweiligen Situation gut gemacht?" jeder erst einmal für sich alleine beantworten. Vielleicht auch schriftlich in Stichpunkten. Anschließend werden die einzelnen Beobachtungen zusammengetragen. Ein bunter Frühlingsstrauß aus Lob entsteht.

Lob, Anerkennung und Wertschätzung, im Team oder in der Familie ausgesprochen, sind etwas Wertvolles, nutzen der Person aber nicht viel, der das Lob gilt, wenn sie abwesend ist und es so nicht mitbekommt. Deshalb: Einigen Sie sich auf mindestens einen in der Runde, der dieser Person Lob, Anerkennung, Wertschätzung konkret weitergibt. Von mehreren ausgesprochen, wird das Lob noch verstärkt. Aber denken Sie daran: Es muss ehrlich und echt sein!

Tipps für persönliches Lob

Wie kann ich der anderen Person sagen, was sie gut gemacht hat?

- *Sprechen Sie die Person direkt an und das Lob konkret aus.*
- *Oder schreiben Sie ihr doch einen Dankesbrief/eine E-Mail* oder auch nur ein paar Zeilen, die Ihre Wertschätzung, Ihr Lob ausdrücken. Verbunden mit einer Kleinigkeit, ein paar Pralinen, einer Rose, einem Glas selbst gemachter Marmelade wird gleich etwas Schönes, Wertvolles daraus.
- *Sagen Sie der anderen Person ein paar liebe Worte:* „Ich schätze an dir …" „Ich bin so gerne mit dir zusammen!" „Ich empfinde es so liebevoll, wie herzlich du auf andere zugehst." „Mich beeindruckt immer wieder, wie du …" usw. Sprechen Sie in der Ich-Form. Damit drücken Sie konkret aus, was Sie persönlich denken. Das wird viel intensiver empfunden, als wenn man sich hinter dem „man" versteckt. Auch beim Loben ist das ein entscheidender Faktor: persönlich denken, empfinden, handeln und reden.
- *Bedanken Sie sich einfach bei der anderen Person.* Und drücken Sie dabei das zu Lobende aus. Ein herzlicher Dank bindet das Lob mit ein. „Danke, dass du mir die Wäsche so liebevoll gebügelt hast." „Danke, dass du mir so toll geholfen hast beim Umzug."
- *Versenden Sie frühmorgens per Handy eine liebevolle, lobende Botschaft.* Wenn Sie wollen, jeden Tag eine an jeweils jemanden anderen. Wer den Tag mit

einem zugesprochenen Lob beginnen darf, fühlt sich einfach gut und anerkannt.

- *Sagen Sie Ihren Kindern ganz bewusst, was sie Ihnen bedeuten,* und sprechen Sie Ihre Anerkennung, Ihre Wertschätzung aus. „Du bist eine tolle Tochter, ich liebe es, wenn du …" „Du bist ein toller Sohn. Ich bin stolz auf dich, weil …" „Du bist mein Kind, ich bin so glücklich, dich zu haben." Viele Kinder wissen nicht, dass sie wirklich von ihren Eltern geliebt werden. Dass diese stolz auf sie sind, und zwar nicht wegen ihrer Leistungen, sondern weil sie als Töchter und Söhne etwas Besonderes für ihre Eltern sind. Einzigartig. Prädikat: wertvoll. Wir sind alle ganz unterschiedlich. Auch hier gilt: Was uns am anderen stört, das erkennen wir sofort und benennen es auch reichlich oft. Setzen wir doch einfach mal die Brille der Liebe, des Lobenwollens auf. Üben wir uns doch darin und sprechen aus, was wir mit dieser neuen Brille alles sehen und erkennen. (Das heißt nicht, dass Eltern alles gutheißen müssen/sollen und dass sie dies nicht auch ansprechen. Auch dafür muss Platz sein, aber an anderer Stelle.)
- Auch Eltern und Ehepartner dürfen gelobt werden. Also, was fällt Ihnen zum Thema Lob spontan ein, wenn Sie über die jeweilige Person nachdenken? Sprechen Sie das zu Lobende konkret aus. Gerade in Ehen schleicht sich ein Gewöhnungsprozess ein, nach dem Motto: Was am Anfang der Ehe gesagt wurde, muss nicht wiederholt oder angepasst werden. Wer eine liebende Beziehung möchte, wird hier kräftig investieren dürfen. Es lohnt sich. Und auch

den Eltern tut es gut, wenn sie die Anerkennung ihrer Kinder in Wort und Tat praktisch erleben dürfen.

Loben muss man wollen. Es ist eine Geistes- und Lebenshaltung oder kann dazu werden. Und es ist eine aktive Form der Kommunikation, die das Leben enorm erleichtert. Für andere manchmal mehr, als wir denken und uns vorstellen können!

„Ich bin als Kind nie gelobt worden"

Dieser Satz begegnet mir immer wieder. Frauen wie Männer kennen diese Verletzung. Bei manchen bleibt es eine offene Wunde bis ins hohe Alter hinein. In den Erzählungen des Erlebten fehlen Mut machende, aufbauende Worte oder Taten des Vaters, der Mutter, der Lehrer und Lehrerinnen, von Menschen, mit denen der Betroffene zu tun hatte. Es ist schlimm, wenn ein Kind immer das Gefühl haben muss, dass alle anderen gelobt werden, alle anderen etwas können, was es scheinbar nicht kann. Es ist schlimm, wenn Kinder von ihren Eltern und Lehrern nur auf das aufmerksam gemacht werden, was sie nicht können und was sie unbedingt noch lernen müssen. Jeder kann irgendetwas gut, das gilt es zu fördern. Wer erleben darf, dass Leistungen, Fertigkeiten anerkannt und wertgeschätzt werden, kann Lerndefizite viel besser aushalten und ihnen im zweiten Schritt konstruktiv begegnen und so noch manches lernen. Mit anderer Methodik, in kleineren Lernschritten und vielleicht mühsamer als andere. Was letztlich zählt, sind das gewonnene Selbstvertrauen und Menschen, die liebevoll begleiten. „Hilf mir, es selbst zu tun" ist ein wunderbarer Satz von Maria Montessori, der zur Mut machenden Begleitung von Kindern werden sollte. Unsere Aufgabe als Erziehende sollte heißen: Befähige mich, lehre mich die kleinen Schritte, wenn ich sie brauche. Zeig mir, dass ich wertvoll in deinen Augen bin, auch wenn ich nicht immer Leistung zeigen kann.

Erkenne mich so an, wie ich bin, und ermögliche mir zu reifen und an den Anforderungen des Lebens nicht zu scheitern, sondern an ihnen zu wachsen.

Wie anders wird in diesem Fall die Entwicklung eines jungen Menschen sein! Manches Mal müssen Erwachsene lernen, dass sie ihre Maßstäbe hin zum Machbaren korrigieren, damit andere nicht daran zerbrechen. Wie gut, wenn ein Erwachsener zu dieser Weisheit gelangt!

Es ist schlimm, wenn Mütter, Väter und/oder andere Erziehende aus welchen Motiven auch immer vergessen, ihren Kindern das aufbauende Lob auf ihren Lebensweg mitzugeben. Hier beginnt ein Leidensweg, der lebenslang andauern kann. Gerade das Lob der Eltern hat für jeden von uns eine lebensbejahende und -aufbauende Funktion. Kinder, die nie gelobt worden sind, werden das schmerzlich vermisste Lob als eigenes Versagen empfinden und als persönliches Defizit an sich selbst festmachen. Die Erfahrung, nicht gelobt zu werden, bekommt für das Kind leicht eine lebenslange Tragik. Denn letztendlich schließt das Kind (wie später der Erwachsene) aus dem nicht erfolgten Lob: „Meine Eltern haben mich nicht lieb gehabt."

Es gibt nichts Traurigeres, als wenn ein Mensch das Gefühl hat, er sei nie geliebt worden. Depressionen, mangelndes Selbstvertrauen, Minderwertigkeitsgefühle, Hartherzigkeit anderen und sich selbst gegenüber und vieles andere mehr können die Folge sein. Ob Eltern das gewollt haben? In den meisten Fällen sicher nicht. Aber möglicherweise war es ihnen, aus welchen Gründen auch immer, einfach nicht bewusst.

Eigene Gefühle, Wahrnehmung, Erinnerung

Spiegelt die eigene Wahrnehmung und Empfindung wider, dass man als Kind nie gelobt wurde, ist eine sachliche Analyse hilfreich und notwendig: Bin ich wirklich nie gelobt worden? Oder gab es doch Situationen, in denen ein (verstecktes) Lob erkennbar war?

Wir Menschen sind gerade bei positiven Rückmeldungen oft vergesslich. Eine Kritik wird viel besser und eindrücklicher erkannt und gespeichert als ein Lob.

Haben Angehörige, Geschwister oder Freunde der Familie Bemerkungen, positive Worte, Wertschätzungen in Bezug auf den „Verletzten" von den (nicht mehr lebenden) Eltern gehört, dann sollten sie das Lob im Nachhinein demjenigen zusprechen, der es eigentlich von seinen Eltern selbst hätte hören sollen. Auch Eltern sind Menschen, die Fehler machen. Nicht jeder analysiert und reflektiert sein Handeln, nicht jeder kann reflektieren. Fehlende liebevolle Worte werden oft nicht als eigenes Versagen erkannt. Fehlender Zuspruch wird häufig nicht als Manko angesehen. Lapidar erklingt immer wieder der Satz: „Ich werde auch nicht ständig gelobt." Leider sehen auch Erwachsene oft nur durch ihre eigene Brille, die subjektiv gefärbt oder möglicherweise durch gesellschaftliche Trends geprägt ist.

Kindliche Erinnerungen verblassen. Ich habe es häufig erlebt, dass ältere Kinder sich nicht vorstellen konnten, dass sie genauso geliebt wurden wie ihre jüngeren Geschwister. In der Regel haben die Eltern eine ganz andere Wahrnehmung (Erinnerung), könnten aufzeigen und erzählen, wie schön es war, als das ältere Kind geboren wurde, wie es die ersten Schritte gemacht hat. Aber erzählen sie das auch? Die ersten Lebensjahre vergessen Kinder zum größten Teil. Manches weiß das Kind nur noch aus Erzählungen, anderes überhaupt nicht, weil möglicherweise nie darüber geredet wird, keine Fotos oder Videos angeschaut werden. Gerade das ältere Kind spürt an dieser Stelle vielleicht ein Defizit, weil es erlebt, wie liebevoll die Eltern mit jüngeren Geschwistern umgehen. Dass sie selber in gleicher Weise die Liebe und Fürsorge ihrer Eltern erfahren haben, ist vielen Kindern nicht mehr bewusst. Je nach Alter können sie nicht sachgerecht reflektieren, sondern vergleichen die Liebe und Fürsorge der Eltern, die diese dem Geschwisterkind in dem Augenblick entgegenbringen, mit dem ihrer eigenen momentanen Bedürfnisse. Von daher können Eltern auch hier segensvoll gegensteuern, indem sie das ältere Kind liebevoll und altersgemäß einbeziehen und ihm zusätzlich erzählen, wie schön es in dessen Baby-/Kleinkindzeit war. Auch das ältere Kind sollte ganz selbstverständlich altersgerecht erleben dürfen, dass es seinen eigenen (nun neuen) Platz in der Familie hat, und Anerkennung, Wertschätzung und Lob erfahren.

Tipps

Wenn Sie zu den Menschen gehören, die tiefe Verletzungen in sich tragen, weil sie nie gelobt wurden und werden, könnten Ihnen vielleicht die folgenden Tipps helfen.
- Schreiben Sie es sich von der Seele, wenn Sie darüber nicht mit denjenigen reden können, die Sie verletzt

haben oder verletzen. Es tut gut, alles in Worte zu fassen, viele befreit es. Vielleicht ist es für Sie wichtig, dass Sie das Geschriebene immer noch mal wieder lesen. Aber möglicherweise wird auch dieses Bedürfnis mit der Zeit weniger und Sie können das Schreiben vernichten und Ihre Verletzungen loslassen. Manche Verletzungen werden vielleicht im Ansatz bleiben, oft hilft der bewusste Entschluss, auch diese endgültig der Vergangenheit zu überlassen.

- Bleibt das empfundene Gefühl der Leere: Lassen Sie diese füllen, indem Sie bewusst auf heutiges Lob, Anerkennung, Wertschätzung und liebevolle Worte achten (im Gespräch, auf Karten, durch Geschenke …). Schreiben Sie sich diese in einem eigens dafür angeschafften, schönen, dekorativen Buch auf und lesen Sie dies immer wieder durch. Verletzungen brauchen Zeit zum Heilen und Annehmen. Das wiederkehrende Lesen lässt die Wertschätzung, die andere Ihnen entgegenbringen, tiefer ins Herz rutschen.
- Echte Heilung kann auch Jesus Christus schenken. Lesen Sie doch mal seine Worte im Neuen Testament (Evangelien). Immer wieder ist hier die Rede davon, dass er sich kümmert, dass er sich um denjenigen sorgen wird, der ihm ganz vertraut. Hier finden Sie Worte tiefer Wertschätzung und Liebe uns Menschen gegenüber. Auch diese Worte wie auch Erlebnisse, die Sie mit Jesus machen, können Sie in Ihr Buch hineinschreiben. So geraten auch sie nicht in Vergessenheit.
- Wenn derjenige, der Sie verletzt hat, noch lebt und Sie es schaffen, dann schicken Sie diesen Brief ab. Aber

lassen Sie sich Zeit beim Abfassen des Briefes. Lesen und überdenken Sie ihn häufiger. Manches beschreibt man beim zweiten oder dritten Mal anders. Manches versöhnlicher und besonnener. Notieren Sie am Anfang des Briefes Ihre Absicht (warum der Brief entstand) und Ihren Zielgedanken (was Sie bezwecken wollen). Wählen Sie Ihre Worte sorgsam und nicht verletzend. Der Brief sollte erklären, was Sie verletzt hat und in welcher Situation das war. Schreiben Sie in der Ich-Form, beschreiben Sie auch Ihre Bedürfnisse/Wünsche. (Zum Beispiel: Ich habe mich so danach gesehnt, dass du mich in den Arm genommen und mir gesagt hättest, dass ich dir nicht egal bin. Dass du mich lieb hast. So habe ich nicht gewusst, was ich dir bedeutete, und weiß auch heute nicht, was ich dir bedeute. Das hat eine tiefe Wunde bei mir hinterlassen. Ich möchte so gerne, dass diese verheilen kann, und würde gerne mit dir darüber reden.)

Bedenken Sie: Ist der Brief abgeschickt, braucht es sehr wahrscheinlich eine Aussprache, der Sie sich stellen müssen. Können und wollen Sie sich dieser stellen? Möglicherweise ist es gut, zur Aussprache eine neutrale dritte Person mitzunehmen, die sachlich hören, das Gesagte spiegeln und vermitteln kann. Das Besondere für alle diejenigen, die an Jesus glauben oder besser gesagt, die Jesus glauben, dürfen und können ihn im Gebet um Hilfe für das Gespräch bitten. Er kann und wird helfen.

- Wenn der andere noch lebt und Sie es schaffen, dann verabreden Sie sich mit der Person und sprechen Sie Ihre Verletzungen aus. Gerade dann, wenn dem anderen nicht bewusst ist, was Sie als Manko empfinden, worunter Sie gelitten haben, ist es gut, wenn das zur Sprache kommt. Möglicherweise hat auch der andere Verletzungen durch Sie erlebt. Gespräche sind nicht immer einfach. Aber nur durch sie gibt es die Chance zum anderen hin und zur (beiderseitigen) Vergebung. Gegenseitige Vorwürfe helfen nicht weiter, auch hier sollte auf eine gute, besonnene und liebevolle Gesprächskultur geachtet werden.

- Vielleicht ergeht es Ihnen wie XY: „Meine Mutter hat mich als Kind gelobt, aber mein Vater nie. Ich habe es ihm vor einiger Zeit gesagt (als Erwachsene), aber meine Verletzung ist so tief … Heute lobt er mich, aber das Lob kann ich gar nicht annehmen. Es kommt mir so unecht vor. Dabei meint er es ganz ehrlich. Aber ich kann es nicht annehmen."

Im weiteren Gespräch erfuhr ich, dass sich der Vater wirklich bemühte, das Lob vor allem in Telefonaten betonte. Mein Tipp: Schreiben Sie die Worte Ihres Vaters/der Mutter/des Unterlassers auf, sammeln Sie diese und lesen Sie das Aufgeschriebene immer wieder durch. Manchmal brauchen wir Zeit, bis Worte und Gesten in unser Herz rutschen, bis die Seele sie wahrnimmt, bis wir verstehen, was uns der andere eigentlich sagen will. Manchmal brauchen wir Zeit, um liebevolle Worte von jemand, der uns irgendwann verletzt hat, zulassen zu können.

Was weiterhilft

Manche Verletzung ist wie zubetoniert. Erst wenn sie wie eine Wunde aufbrechen darf, kann daran gearbeitet werden.

Analyse des eigenen Verhaltens

Lob zu bekommen, bedingt aber auch einen aktiven Part des Gelobten: Lassen Sie es zu, dass andere Sie loben! Lassen Sie es zu, dass Ihnen Komplimente gemacht werden, und bügeln Sie diese nicht gleich durch (vernichtende) Worte oder Gesten weg. Manchmal ist es uns peinlich, gelobt zu werden. Lernen Sie: Lob und Anerkennung dürfen und müssen sein. Bügele ich sie gleich weg, weiß der andere überhaupt nicht, wie er damit umgehen soll. Das führt nur zur Verunsicherung, gegenseitiger Schwächung des Interesses und manchmal auch sinnloser Diskussion. Ich bürde dem Lobenden zudem ein Problem auf, das nicht er hat, sondern das ich habe. Das sollte ich mir bewusst machen und daran arbeiten.

Die Frage nach dem Annehmen von Lob hat auch etwas mit meinem Selbstwertgefühl zu tun: Kann ich mich so annehmen, wie ich bin? Lebe ich authentisch? Spiegelt mein äußeres Handeln meine innere Sicht von mir selbst wider oder eben gerade nicht? Jesus fordert mit dem Gebot zur Nächstenliebe auch zur Selbstliebe (nicht Selbstverliebtheit, das ist ein großer Unterschied!), ja, sogar zur Eigenverantwortung auf: „Liebe deinen Nächsten wie dich selbst!" (Matthäus 22,39)

Schon an dieser Stelle wird deutlich, dass die Liebe

zum Nächsten sich erst dann entwickeln kann, wenn ich zunächst lerne, liebevoll mit mir selbst umzugehen, auf mich zu achten, für meine Seele, meinen Körper und meinen Geist zu sorgen und die Verantwortung dafür zu übernehmen. Das ist eine große Herausforderung. Und das aus ganz unterschiedlichen Gründen und Motiven. Die einen haben nie lernen dürfen, für sich selbst zu sorgen, weil dies als egoistisch und verpönt angesehen wurde. Andere wiederum haben gelernt, den Fokus ihres Interesses nur auf Leistung, Macht und Einfluss zu legen. Koste es, was es wolle. Auch wenn der Preis der Raubbau am eigenen Körper, schlimmer noch an der eigenen Seele ist. Wer sorgt schon in „guten Zeiten" für den Körper und vor allem für die Seele? Körper, Geist und Seele aber gehören zusammen, sind ineinander verflochten. Der Raubbau wird Konsequenzen haben und hat in der Regel soziales Leiden im Schlepptau: für einen selbst und für die Menschen, die einen umgeben. Wer aber fähig ist, hier auch liebevoll und auf eine gute, gesunde Art für sich selbst zu sorgen, sich also selbst zu lieben, wird eine positive Veränderung im eigenen Leben erfahren. Wer in der Lage ist, sich selbst Lob und Anerkennung zuzusprechen, kann auch ein Lob von anderen zulassen und sich daran erfreuen. In der Folge wird er wiederum auch andere authentisch loben und anerkennen und ihnen diese Wertschätzung (der eigenen, aber auch der von anderen) von Herzen gönnen.

Analyse des Elternverhaltens

Vielleicht sind Ihre Eltern selbst nie gelobt worden und tragen (bewusst oder unbewusst!) eine große Verletzung in sich. Wir sollten nie vergessen, dass das Reflektieren über pädagogische und psychologische Prozesse in der Erziehung erst seit einigen Jahren praktiziert wird. Frühere Generationen haben dies nie erlebt. Heute verfügen wir über breites Informationsmaterial, viele Kenntnisse und über anerkannte Schulungsmöglichkeiten, die auch in vielen Gemeinden angeboten werden. Ältere haben diese Sichtweisen möglicherweise nie kennengelernt und nicht die Chance gehabt, an geeignete Materialien zu kommen oder kompetente Referate über die Auswirkungen und Zusammenhänge in Erziehung und Alltag zu hören und sie für ihr eigenes Handeln anzuwenden. Heute gibt es eine Flut von Möglichkeiten, noch vor 30 oder 40 Jahren sah das ganz anders aus.

Hilfsangebote

Haben Verletzungen so tiefe Wunden gerissen, dass Sie mit dem Verstehen, der Verarbeitung und Überwindung nicht alleine fertigwerden, dann nehmen Sie doch professionelle Hilfe in Anspruch. Trauen Sie sich. In unserer Zeit gibt es genügend Hilfen. Viele nutzen das. Haben Sie den Mut zuzugeben, dass Sie Hilfe brauchen, und lassen Sie sich wegen geeigneter Angebote beraten (Ärzte, Seelsorger, Psychologen, Selbsthilfegruppen, Therapeuten …). Auch das Internet kann wertvolle Hinweise geben, um geeignete Therapeuten oder/und Seelsorger zu finden.

Eine große Chance bietet sich uns hier auch im christlichen Glauben: Mit Jesus Christus können wir im Gebet auch heute noch alles besprechen. Jesus ist der Sohn Gottes, aber er war ganz Mensch, wie du und ich. Als Mensch hat er hier auf der Erde gelebt und erlebt, was innere und äußere Verletzungen für Menschen bedeuten, wie sie zerstören, krank machen. Jesus hat mit den Menschen gelitten. Er kennt auch unsere Verletzungen und kann sie heilen. Jesus will den Rucksack unserer Verletzungen tragen, ich muss diese Last nicht mit mir herumschleppen. Ich darf Jesus meine Verletzungen im Gebet überlassen. Auch dafür ist er freiwillig ans Kreuz gegangen.

Kinder haben ein Recht auf Lob

Kinder brauchen besonders viel Lob von uns Erwachsenen. Und ich behaupte einfach mal, dass sie das Recht haben, von uns gelobt zu werden, denn nur durch ermutigende, positive Rückmeldungen können sie sich gut entwickeln. Lob sind wir ihnen als Eltern, Großeltern, Lehrer, Erzieher, Erwachsene einfach schuldig. Schon allein deshalb, damit sie nicht wie Elke ihr ganzes Leben daran zu knabbern haben, dass das Lob in ihrer Kindheit gefehlt und so tiefe Verletzungsgräben hinterlassen hat.

Kinder, die authentisch, echt und ehrlich gelobt werden, haben die große Chance, ihre eigenen Fähigkeiten und Fertigkeiten auf eine gute Art und Weise für sich zu entdecken und diese dann weiterzuentwickeln. Kinder brauchen unsere Verstärkung durch Lob, unsere Bestätigung, unser Verständnis, unsere Zeit für Gespräche mit ihnen und unsere Liebe. Nur so können sie in gesunder Weise ein gutes Verhältnis zu sich selbst finden, ihren Selbstwert entdecken und zu Erwachsenen werden, die ihr Leben meistern können.

Aus der Fülle der Erziehungstipps hier einige Hinweise:

- *Das Lob muss altersgerecht und dem Entwicklungsstand nach angepasst sein.* Kleine Kinder oder auch Kinder, die von der Entwicklung her retardiert (entwicklungsverzögert) sind, brauchen das Lob in kleinen Schritten. Hier darf auch dann ermutigt werden, wenn das Geleistete für den Erwachsenen oder das ältere Kind kaum erkennbar ist. Der Turm aus Bauklötzen kann schon ein Großprojekt sein. Die fallenden Bauklötze können je nach Reaktion des Erwachsenen für das Kind zu Frust führen oder – spielerisch aufgefangen – der Auftakt zu einer weiteren Turmbauphase sein. Die ersten Kritzeleien auf dem Papier können spontan zum Meisterwerk mutieren und an der Wand hängend zu weiteren Meisterwerken anspornen, die zudem zu Weiterentwicklungen herausfordern. Oder sie können dem Kind vermitteln: alles für den Papierkorb, alles null und nichtig. Was wahrlich kein Motor zum weiteren Antrieb wäre!

- *Dem Baby kann es helfen, wenn Mutter, Vater, Oma, Opa oder wer auch immer schon das Festhalten und vor allem auch das Loslassen von Gegenständen lobt.* Loslassen will und muss geübt werden, nur weiß es der Erwachsene nicht (mehr). Was spielerisch aussieht, muss es nicht zwangsläufig sein. Wichtig ist nur, das zu erkennen und ein ermutigendes Signal zu setzen. Lob motiviert und fördert zu Höchstleistungen heraus. Das gilt für kleine, für große und für ganz große Kinder gleichermaßen.
- *„Hilf mir, es selbst zu tun":* Dieser bereits zitierte Satz von Maria Montessori umschreibt, wie eine Mut machende Begleitung von Kindern aussehen kann. Anders ausgedrückt heißt er: Befähige mich, lehre mich die kleinen Schritte, wenn ich sie brauche. Zeig mir, dass ich wertvoll in deinen Augen bin, auch dann, wenn ich nicht immer Leistung zeigen kann. Erkenne mich an, so wie ich bin, und ermögliche mir, zu rei-

fen und an den Anforderungen des Lebens nicht zu scheitern, sondern an ihnen zu wachsen.

Kann auch zu viel Lob ausgesprochen werden?

Ältere Kinder haben eine sehr feine Antenne dafür, ob das Lob inflationär gebraucht wird, also ob das Kind für alles und jedes gelobt wird, egal was es macht. Hier ein Sternchen, da ein Blümchen, der ständige Beifall der Eltern, die unaufhörliche Aufmerksamkeit und das ständig ausgesprochene Lob der umgebenden Erwachsenen können auch negative Folgen haben. Wenn Kinder ständig und für alles gelobt werden, lernen sie so, dass sie der Dreh- und Angelpunkt der Familie und der Welt sind. In der Familie mag das noch (er-)tragbar sein, aber sobald weitere Kontakte hinzukommen wie Kindergarten, Schule oder Sportverein, kann das lobverwöhnte Kind nicht einordnen, warum es nicht für jede Kleinigkeit gelobt, sondern im Gegenteil möglicherweise gehänselt, ausgelacht und schlimmstenfalls ausgegrenzt wird. Dann muss das Kind ausbaden, was Erwachsene an fehlerhaften Strukturen von frühester Kindheit aufgebaut haben.

Eine große Gefahr besteht hier besonders für Einzelkinder, wenn sie eine ständige Aufmerksamkeit vom familiären Umfeld her erfahren. Ganz nach dem Motto: „Egal wer da ist, ich bin der Mittelpunkt und fordere die volle Aufmerksamkeit und ein permanentes Lob ein."

Unsere Aufgabe als Eltern und Erziehende ist es, unsere Kinder stark zu machen für die Welt, in die sie bald als Erwachsene hineinschlüpfen sollen.

Daher sollte das Lob angepasst sein: altersgerecht, dem

entwickelten Selbstbild des Kindes und den Leistungen entsprechend und den Aufgaben gemäß.

Tipps

Deshalb sollten wir uns als Erwachsene immer wieder fragen:
- Was löst mein Loben bei diesem Kind aus? Ermutige ich es? Fördere und fordere ich es?
- Wie lobe ich? Ist mein Lob aufbauend? Ermutigend? Leichtfertig ausgesprochen oder ehrlich empfunden?
- Kann das Kind überhaupt noch unterscheiden zwischen echtem, verdienten Lob und einem inflationären?

Lob und Neid

Loben kann auch Neid hervorrufen. Das gilt für Erwachsene wie für Kinder gleichermaßen. Planen Sie das vor allem im Umgang mit Kindern ein. Kinder sind sehr unterschiedlich. Das eine Kind kann super lernen, das andere tut sich schwer damit. Loben sollten wir beide, aber unterschiedlich, damit kein Neid entsteht. Kinder reagieren je nach Entwicklungsstand und Beziehung zueinander sehr verschieden, wenn Geschwister oder Klassenkameraden öffentlich gelobt werden. Es ist die Aufgabe von Erwachsenen, hier aufmerksam und sensibel auf die Belange des Kindes/der Kinder einzugehen und die Lebenssituation des Kindes zu bedenken. Es reicht auch nicht immer aus, das Lob nur kurz auszusprechen. Kinder erleben Liebe und Lob auch durch Zuwendung, investierte Zeit und das Einfach-erzählen-Dürfen. Und das immer wieder. Manches Kind lechzt förmlich nach Anerkennung und Würdigung, nur dann fühlt es sich im Alltag um seiner selbst willen von Eltern und Familie geliebt. Liebe im Alltag zu leben, benötigt für die Eltern nicht nur hier Zeit und Kreativität.

Denken Sie daran: Erwachsene sind, was das betrifft, manchmal ebenso wunderlich! Auch hier treibt der Neid manche merkwürdige Blüten, häufig unerkannt, weil er nicht zugegeben wird. Besonders im Arbeitsleben bewirkt das Lob des Chefs, das vor allen ausgesprochen wird, oft Missgunst und kann als Folge für den Gelobten eine unangenehme Sonderstellung bedeuten, die möglicherweise mit Ausgrenzung, Klatsch und Tratsch verbunden ist.

Versuchen Sie im Vorfeld über mögliche Folgen des „öffentlichen" Lobes und dessen Konsequenzen nachzudenken. Loben Sie in bestimmten Fällen stattdessen im „Vieraugengespräch".

Ein Lob sollte in keinem Fall zu negativen Konsequenzen für den Gelobten führen. Trotzdem sollte es in jedem Fall seinen Platz finden. Seien Sie kreativ. Möglichkeiten, um ein Lob anzubringen, gibt es viele.

Jeder macht irgendetwas gut

Gelingt es Ihnen herauszufinden, was Sie selbst gut machen? Manche werden sofort wissen, was sie gut können, kennen ihre Gabe(n) und gehen selbstbewusst damit um. Das tut gut und ist gut. Wenn Sie auch so ein Mensch sind: Freuen Sie sich daran!

Problematisch wird es, wenn selbstverliebt damit umgegangen wird. Das sollte überdacht werden. Begabungen sind etwas Besonderes. Aber sie sind auch geschenkt worden. Ich darf sie weiterentwickeln, an ihnen arbeiten, sie (auch für andere) einsetzen, sie nutzen. Selbstverliebtheit aber wirkt auf Außenstehende abstoßend.

Andere wiederum, die ein Lob bekommen, tun so, als wenn die persönliche Leistung eigentlich nichts Besonderes sei. Warum handeln sie so? Welche persönlichen Motive verbergen sich dahinter? Warum können sie das Lob, das sie erhalten, nicht gelten lassen? Ist es (falsche) Bescheidenheit? Oder versteckt sich hier ein „fishing for compliments" – jemand möchte nach bescheiden abgewehrtem Lob im Grunde, dass der andere es noch verstärkt? Auch das sollte persönlich analysiert werden.

Manche Menschen haben große Probleme damit zuzulassen, dass sie Gaben, also Begabungen, haben. Nicht selten fällt der Satz, dass andere total begabt sind, aber man selber nicht. Das ist frustrierend. Und weil geglaubt wird, was man selbst sagt, werden die Worte dementsprechend gewählt: „Ich kann nichts." „Ich habe keine besonderen Fähigkeiten." „Alles, was ich kann, können andere auch." „Ich bin nichts Besonderes."

Schließlich münden alle diese Sätze in der eskalierenden persönlichen Erkenntnis „Ich bin nicht wertvoll" und „Ich bin zu nichts wert". Wie wir von uns reden, macht deutlich, welche Einstellung wir zu uns haben. Das zieht herunter und bestimmt das eigene (negative) Selbstbild. Wie schlimm, wenn jemand in dieser Weise von sich denkt! Daran sollte unbedingt gearbeitet werden. Kein Mensch auf Gottes weiter Erde ist wertlos, keiner zu nichts wert! Wertlos machen uns nur eigene Gedanken und das Eintaxiertwerden durch Menschen, die im Grunde genommen ihr eigenes Paket der empfundenen Wertlosigkeit mit sich herumschleppen.

Wenn Sie herausfinden wollen, was Sie gut können und wo Ihre Gaben liegen, finden Sie hier einige Tipps.

Tipps

Überlegen Sie:
- *Was macht mir Spaß und Freude?* Warum ist das so? Ist das vielleicht meine Begabung, meine Gabe?
- *Was sieht besonders gut aus, wenn ich es mache?* Können andere das auch so gut? Wirklich? Wie schätzen Sie sich selbst ein? Beispiel: Sie decken den Tisch am Feiertag nach Ihren Vorstellungen. Er ist feierlich, besonders, anders. Vielleicht sagt niemand etwas dazu. Vielleicht weil nicht erkannt wird, wie wichtig Lob ist. Vielleicht sprechen die Gäste das Lob nur nicht aus, denken es aber und haben in Wirklichkeit die besondere Eleganz der Tischdekoration sehr wohl erkannt. Freuen Sie sich an dem, was Sie kreiert

und geleistet haben, egal ob andere das hervorheben oder nicht. Möglicherweise erkennen Sie hierbei, dass Sie in einer besonderen Weise talentiert sind.
- *Wofür loben mich andere?* Hören Sie einmal genau hin. Achten Sie auf Dankesworte – geschriebene und gesprochene –, auf Komplimente, auf kleine erhaltene Dankesgeschenke, besondere Aufmerksamkeiten. Möglicherweise drückt Ihnen hier jemand sein Lob aus und will damit sagen: „Du hast es toll gemacht! Du kannst das so super!" Und bedenken Sie: Es fällt nicht jedem leicht, lobende Worte zu finden. Das Lob kann sich wie ein Osterei verstecken. Häufig erfolgt ein Lob (konkretes oder verstecktes), weil etwas besonders gut gemacht worden ist. Und hinter dem „besonders gut" kann sich wiederum eine Begabung verstecken: Ihre Begabung.

Ein besonderer Tipp, der immer funktioniert

Fragen Sie doch mal Ihre beste Freundin/Freund nach Ihren Begabungen, wenn Sie sie selbst nicht herausfinden. Oder eine andere Frau, von der Sie wissen, dass sie Sie gerne mag/schätzt. „Was denkst du, was ich für eine Begabung habe?" Sie werden staunen, was anderen alles auf- und einfällt, was Sie selbst nicht an sich erkannt haben! Vielleicht kann eine Freundin dabei besser helfen. Frauen gelingt es in der Regel leichter, auch Emotionen zu erfassen, zuzulassen und gute Worte zu wählen. Männer „arbeiten" Gespräche oft schneller und sachbezogener ab. Aber gerade, wenn jemand Schwierigkeiten hat, etwas zu entdecken, was er oder sie gut macht oder kann, welche Gaben sie hat, hilft eine (männliche) Kurzfassung oft nicht.

Die eigenen Gaben schätzen lernen

Das Entdecken von Gaben kostet Zeit, oft auch Überzeugungskraft und den Willen anzuerkennen, dass die Gabe bei mir tatsächlich vorhanden ist. Jeder Mensch kann irgendetwas gut. Findet das, was ich kann, auch meine eigene Wertschätzung? Kann ich zu dem stehen, was ich kann? Das Schielen nach den Gaben anderer macht das Leben nicht einfacher, im Gegenteil. Es bringt Neid und Eifersucht hervor. Wer aber lernt, sich an seiner Begabung zu freuen, sie gezielt und sicher einzusetzen, der wird Spaß und Kreativität entwickeln und empfinden und so letztendlich das Leben genießen.

Eigenlob stinkt,
sagt der Volksmund

Darf ich mich selbst loben? Ja, natürlich darf ich das. Wenn ich abends Bilanz ziehe und sage: „Das habe ich gut gemacht", dann tut das einfach gut. Ich darf mich an dem erfreuen, was mir gelungen ist, an dem, was an meinem Arbeitsberg abgearbeitet ist, und an dem, was ich geschafft habe. Selbstverständlich darf ich mich dann loben und mir sinnbildlich auf die Schulter klopfen. Wer sollte mir das verwehren? Und warum auch?

In manchen Bereichen würden wir das nie bezweifeln. Da erscheint es uns als selbstverständlich, dass sich derjenige, der sein eigenes Haus gebaut, einen Echtholztisch oder Schrank getischlert, der Wohnräumen neuen Glanz durch einen neuen Farbanstrich verliehen hat, unsere Anerkennung, unser Lob verdient hat und sich auch selber ein eigenes Lob gestattet. Das Lob von außen wird bei der Besichtigung des Geschaffenen anderer zudem auch noch laut ausgesprochen. Es fällt nicht schwer, das Lob (anderer und das eigene) anzunehmen, weil das fertige Produkt die eigene Leistung zur Anerkennung bringt.

Auch der selbst gestrickte Pullover, die neu gebastelte Deko, ja, eben all das, was als Endprodukt vorgezeigt werden kann, all das lässt Mühe, Einsatz und Schweiß erkennen und es wird wertgeschätzt, honoriert und gewürdigt.

Aber wie ist das mit den Aufgaben, die zur Selbstverständlichkeit mutiert sind? Fällt es uns nicht oft sehr schwer, hierfür ein Lob zu finden? Ein Lob für mich selber, gerade weil ich all diese Aufgaben ganz selbstverständlich erledigt habe? Warum denken wir als Einzelne und auch als Gesellschaft so? Ist uns das Leistungsdenken um jeden Preis so in Fleisch und Blut übergegangen, dass wir die individuelle, für mich selbst erbrachte Leistung nicht mehr würdigen können?

Das Hochgefühl, welches nach getaner Arbeit einsetzt, wird verstärkt durch das, was geschafft worden ist, was als fertiges Produkt vor einem steht oder liegt oder als Aufgabe erledigt ist: Der Berg der Arbeit ist geringer geworden, weil ich mich endlich überwinden konnte, dies oder jenes zu tun. Lästige Aufgaben haben ihren Abschluss gefunden. Längst notwendige Briefe sind geschrieben, Telefonate geführt. Eine Aufgabe konnte erfolgreich abgeschlossen werden. Daran darf sich jeder erfreuen und sich auch selbst loben.

Trotzdem sollte auch kritisch und verantwortlich überprüft werden, warum das *Eigenlob* erfolgt. Ein paar Fragen zum kritischen Überprüfen können sehr hilfreich sein.

Kritisches Überprüfen:

- Bin ich die einzige Person, die das kann und alles richtig macht?
- Sollen die anderen das aus diesem Grund auch alle sofort wissen?
- Gehe ich hausieren mit meinem Eigenlob, damit auch alle davon wissen und mir auf die Schulter klopfen? Bin ich auf der Jagd nach Komplimenten?
- Ist es mir absolut wichtig, dass alle erfahren, was ich

für ein toller Hecht bin und was zu leisten ich imstande bin?

Wenn ich so denke, dann sollte ich mir selber gegenüber misstrauisch werden. Wenn ich mit meinem Eigenlob hausieren gehe, dann läuft da etwas gewaltig schief. Leute, die sich ständig in den Mittelpunkt stellen, um aufzuzeigen, was sie wie gut alles können, um dadurch Komplimente zu erhaschen, Lob einzuheimsen und sich damit Anerkennung zu verschaffen, haben nicht verstanden, was ein ehrliches, echtes Lob ist. Jemand, der so verfährt, muss sich nicht wundern, wenn andere genervt den Blick abwenden und sich distanzieren. Also, Hand aufs Herz, warum und wozu stelle ich mich ständig in den Mittelpunkt und streiche heraus, wie gut ich bin? Trifft hier der Satz: Eigenlob stinkt? Oder ist hier ein großes Bedürfnis nach Anerkennung, Wertschätzung und Liebe vorhanden, weil der Betroffene sich auf der Verliererseite des Lebens sieht?

Tipp

Bilanz ziehen: Was habe ich gut gemacht, was war nicht so gut, worüber darf ich mich freuen, was darf ich noch verändern … (beim nächsten Mal)?

Ich darf auch barmherzig mir selbst gegenüber sein. Es kann und muss nicht immer alles perfekt sein!

Ich darf mir sagen: Ja, das habe ich gut gemacht!

Das schafft Selbstvertrauen, Zufriedenheit und innere Wärme. Und das braucht jeder Mensch.

Wertschätzende Haltung

Welche Haltung sollte hinter einem Lob stehen? Es wäre die falsche Motivation, andere nur deshalb zu loben, damit das Lob an mich zurückfällt. Sonst bildet sich ein fader Beigeschmack. Beim echten Loben geht es nie darum, nur deshalb ein Lob auszusprechen, um im Gegenzug auch gelobt zu werden. Lob kann ich nur verschenken, weil es mir zur inneren Haltung geworden ist. Weil ich erkenne, wie wichtig und notwendig das Loben ist. Und weil ich dazu beitragen möchte, die Welt ein Stück lebenswerter und positiver zu gestalten. Das bedeutet, einen wichtigen Part zu übernehmen: Ich darf mitgestalten.

Viele haben sich das als junge Erwachsene vorgenommen: die Welt zu verändern. Erst später merken wir, dass wir in vielen Dingen nichts verändern konnten. Aber resignieren sollten wir nicht, sondern nach den uns gegebenen Möglichkeiten eine Veränderung anstreben. Indem ich Wertschätzung und Anerkennung verschenke, das Tun anderer honoriere, indem ich sie lobe, kann ich positive Akzente setzen und so die Welt um mich herum lebenswerter mitgestalten. Lobe ich, wird das Kreise ziehen. Andere werden bemerken, dass das empfangene Lob guttut, werden sich daran erfreuen und vielleicht (hoffentlich) selber anfangen, andere zu loben und damit zu stärken. Und so fällt dann manches Lob auch wieder an mich zurück. Wer ermutigt, wird wahrgenommen. Wer ermutigt wird, der fühlt sich angenommen, geachtet, wertgeschätzt. Das erlebte Lob wird zum Prinzip und damit zum Kreislauf, der sich schließt.

Loben muss man wollen

Loben muss man wollen und aktiv praktizieren. Wir haben gesehen, was ein ausgesprochenes Lob alles an Positivem bewirken kann. Es sollte als Ermutigung einen festen Platz im Alltag bekommen. Hier darf ich, hier kann ich aktiv werden. Und darum: *Ich will mir das Loben anderer angewöhnen! Loben soll etwas Selbstverständliches für mich werden!*

Übung macht den Meister

Wie bei so vielen Dingen im Leben macht Übung auch beim Loben den Meister. Vielleicht fragen Sie sich, wie man richtig lobt. Wie wir gesehen haben, ist es nie falsch zu loben, wohl aber ein unaufrichtiges Lob auszusprechen. Vielleicht ist das erste Lob noch zaghaft, vielleicht sind die gewählten Worte nicht ganz glücklich. Der Gelobte wird aber die Herzenshaltung dahinter sehen und das Lob erkennen. Je mehr ich lobe, umso mehr erkenne ich, wo ich ansetzen kann und was gelobt werden sollte. Es kommt nicht darauf an, alles richtig zu machen, es kommt darauf an, mit dem Loben zu beginnen … Alles andere ergibt sich von allein.

Lob in christlichen Gemeinden

Es ist auffällig, dass in vielen christlichen Gemeinden das Loben nicht zum Alltag gehört. Das ist schade. Gerade in Gemeinden sollte das ehrliche, aufrichtige Lob reichhaltig praktiziert werden. Wenn nicht dort, wo dann, so könnte man fragen. Aber die Theorie stößt an ihre Grenzen. Es menschelt, und zwar gewaltig. Der wichtige Faktor der Wertschätzung, das richtige Maß beim Austeilen von Lob und Anerkennung, scheint ein großes Problem zu sein.

Zwei Beispiele:

Engagement als Selbstverständlichkeit

Ein Jugendlicher arbeitete über eine längere Zeit engagiert in einem Arbeitskreis mit. Er investierte viel Zeit, oft bis an seine persönlichen Grenzen. Dann beendete er seine Mitarbeit und erhielt ein flaches, leicht hingehauchtes, kaum hörbares Dankeschön vom Verantwortlichen. Der Jugendliche hat nun möglicherweise etwas fürs Leben gelernt: Egal wie und ob ich mich einsetze – anderen ist es unwichtig, was ich geleistet habe. Auch in der Gemeinde spielt es keine Rolle ... Dies wird nicht die erste und einzige Erfahrung sein, die der Jugendliche auf diese Weise machen wird. Leider!

Ein beliebter Satz, der oft zu hören ist, macht deutlich, dass Lob, Anerkennung und Wertschätzung des Einzelnen leicht unterschätzt werden: „Es ist doch selbstverständlich, dass sich jeder in der Gemeinde einbringt. Das muss dann doch nicht mit einem besonderen Dank versehen werden."

Ein anderes Beispiel: In der Mitarbeiterbesprechung einer Gemeinde fragte der Pastor auf den Einwand von Mitarbeiterseite auf das fehlende Loben innerhalb der Gemeinde, wer denn eigentlich loben solle. Er als Pastor etwa? Das könne doch wohl nicht erwartet werden.

Wirklich nicht? Wenn er hier nicht mit gutem Beispiel vorangeht, wie soll dann seine Gemeinde lernen, was praktiziertes Lob ist?

Nur was vorgelebt wird, spiegelt sich im Gemeindealltag wider. Pastoren und Leitungskreise sollten das Loben der ihnen anvertrauten Gemeinde erlernen, es konsequent als gemeinsame Praxis einüben und zum Thema innerhalb der Gemeindegruppen machen. So wird der gemeinsame Blick der Leitenden für Anerkennung und Wertschätzung dem einzelnen Mitarbeiter gegenüber gefördert.

Diese Haltung wiederum setzt einen Kreislauf in Gang: Mitarbeiter werden durch die ihnen entgegengebrachte Wertschätzung motiviert, weiterhin engagiert mit anzupacken. Ihr Engagement wird möglicherweise noch gesteigert, Lob löst häufig einen Motivationsschub aus – auch wenn dies selbstverständlich nicht das Ziel des ausgesprochenen Lobes sein sollte!

Auf der anderen Seite wird auch der Arbeit des Leitungskreises eine neue, andere Würdigung entgegengebracht. Wer gelobt wird, sieht mit veränderten Blicken auch auf die Leistungen anderer. So wird das Lob auf die lobenden Leitenden zurückfallen.

Die Gemeinde erkennt in der Folge deutlicher, was auf der Leitungsebene alles erarbeitet wird, um Gott zu dienen. Wie leicht wird alles kritisiert, oft auch aus Halbwissen heraus oder durch Fehlinformationen. Wie sehr kann dagegen die gegenseitige Achtung, Wertschätzung und Anerkennung wachsen, wenn in Respekt voreinander zuerst nach dem zu Lobendem geschaut würde und erst an zweiter Stelle nach berechtigter Kritik.

Gemeinde als Ort der Wertschätzung und Ermutigung

Gemeinde ist von Jesus als Ort gedacht, wo wir uns gerne engagieren, in welcher Funktion und in welchem Arbeitsbereich auch immer. Seine froh und frei machende Botschaft ist es, die als gemeinsam erlebte Basis ein neues Fundament schafft, auf dem sich mit aller Freude und Freiheit immer wieder neue Perspektiven anbieten. Als Geschwister sind wir durch den Glauben an Jesus vereint und dürfen das Füreinander und Miteinander in der Gemeinde erleben.

Unser Alltag ist kompliziert, die Spannungen in Gesellschaft und Beruf nehmen mehr und mehr zu. Leistungen werden dort oft überbewertet, der Einzelne hat zu funktionieren. Gemeinden können den Ausgleich schaffen, Orte sein zum Auftanken und zum Austausch, zum gemeinsamen Leben als Christen. Es geht nicht darum, dass man sich nur um den eigenen (Gemeinde-)Nabel dreht. Gemeinden sollten auch den Raum bieten, an dem sich Christen gegenseitig aufbauen (loben, anerkennen, ermutigen, bestärken ...) und das Leben gemeinsam er- und durchleben, mit allen Krisen, die zum Leben dazugehören.

Dafür ist Jesus am Kreuz gestorben. Dafür hat er hier auf der Erde gelebt – um das Leben der Menschen zu teilen, Anteil zu nehmen, da zu sein. Und dann den Finger in die Wunde zu legen. Aber nicht, um die Verletzung zu verschlimmern (wie Menschen das immer wieder tun), sondern um zur Einsicht und Erkenntnis zu verhelfen und letztlich, um sie zu heilen. Er war die Hoffnung aller Menschen, brachte für sie eine neue Form der Gottesbeziehung, die nur deshalb möglich wurde, weil er für die Menschen am Kreuz starb.

Auffällig ist, dass Jesus in besonderem Maße für die Menschen da war, die ihn in unmittelbarer Nähe umgaben, und zwar genau dann, wenn sie es gerade besonders nötig hatten. So zeigte er ihnen seine gelebte Wertschätzung. Es gibt viele Beispiele dafür, zwei mögen genügen: Am Kreuz wandte sich Jesus sterbend seiner Mutter zu und kümmerte sich so als ältester Sohn um ihre künftige Versorgung. Selbst sterbend am Kreuz noch richtet er seinen Blick auf die ihm anvertrauten Menschen, um sich um sie zu kümmern und sie zu trösten. Welche Wertschätzung, welche Liebe zeigte er damit seiner Mutter Maria gegenüber! Er, der bald das Menschsein hinter sich lässt und zu seinem himmlischen Vater zurückkehrt, vertraut seine Mutter der Fürsorge seines Jüngers Johannes an. Jesus hatte mehrere Brüder, trotzdem überträgt er Johannes diese Aufgabe. Aus Wertschätzung seiner Mutter gegenüber, die noch am gleichen Tag zu Johannes ins Haus zog (Johannes 19). Welche Liebe wird hier erkennbar! Ganz sicher hätten auch seine Brüder finanziell für seine Mutter sorgen können. Aber eines konnten sie nicht: geistlich für Maria da sein, ihr den so bitter notwendigen Trost nach dem Tod ihres Erstgeborenen zuzusprechen, den nur Gottes Heiliger Geist schenken kann. Die (Halb-)Brüder Jesu waren zu dieser Zeit nicht davon überzeugt, dass Jesus der versprochene Messias ist. Erst nach seiner Auferstehung erkennen mindestens zwei seiner Brüder die wahre Bedeutung ihres ältesten Bruders als Gottes Sohn und erleben selbst das Geschenk der Gnade durch Jesus Christus.

Füreinander da sein

Auch in christlichen Gemeinden gibt es viele Brüder und Schwestern im Glauben, die dringend geistliche Unterstützung brauchen, die aufgebaut werden müssen, die Glaubensnöte, Glaubenszweifel haben und konkrete Hilfen benötigen. Hilfe, die nur Christen geben können, die erlebt haben, wie Gott, wie Jesus auch in unserer Zeit erleb- und erfahrbar ist. Wie gut, wenn die Sicht in der Gemeinde da ist, dass nicht nur der Pastor, nicht nur Amtsträger, sondern auch die einzelnen Gemeindeglieder an dieser Stelle eine besondere Aufgabe und Verantwortung füreinander haben (dürfen). Gerade das „haben dürfen" zeichnet eine besondere Form der gegenseitigen Anerkennung und Wertschätzung aus.

Um aber dies in die Gemeinden hineinzutransportieren, bedarf es eines wertschätzenden Aufbaus innerhalb der Gemeinde. Jesus hat nicht einfach einen Jünger „herausgepickt". Johannes wird als sein Lieblingsjünger bezeichnet. Nicht weil Jesus ihn vorgezogen hätte. Jesus selbst hat Johannes gelehrt, geformt, motiviert, ihn aufgebaut. Er kennt ihn durch und durch und traut ihm die Aufgabe zu, sich so um Maria zu kümmern, wie er, Jesus, es getan hätte. Johannes scheint eine besondere Beziehung zu Jesus gesucht und gefunden zu haben. Wer auf eine enge, intensive Beziehung zu Jesus wert legt, sich aktiv darum bemüht (kontinuierliches Bibellesen und Gebet als Grundlage des eigenen Alltags und Lebens), der wird nicht enttäuscht werden.

Das zweite Beispiel ist Thomas, der Jünger von Jesus. Es war Ostern geworden. Jesus war von den Toten auferstanden. Die Kreuzigung war ein fundamentales Ereignis gewesen, hatte verwirrt, Ängste ausgelöst, Dunkelheit heraufbeschworen. Wie ein Feuerwerk waren die Ereignisse in die Gegenwart der Jünger hereingebrochen. Noch konnten sie sie nicht einordnen, noch hatten sie Angst vor Sanktionen, denen sie ausgeliefert waren. So trafen sie sich heimlich, hinter verschlossenen Türen, um gemeinsam zu verarbeiten, zu besprechen, was in diesen letzten Tagen geschehen war. Für alle unbegreiflich und scheinbar klammheimlich war Jesus wieder lebendig geworden, er war auferstanden.

Dann hatten die Jünger Jesus selbst erlebt, als sie zusammen waren. Nur Thomas war nicht dabei gewesen. Als ihm die anderen Jünger voller Freude davon berichteten, blieb Thomas äußerst skeptisch und äußerte seine Bedenken, seine Anfragen an Jesus, seine Zweifel. Er konnte nicht glauben, was er nicht gesehen hatte, und äußerte diese Zweifel in Anwesenheit der anderen Jünger: „Das glaube ich erst, wenn ich seine durchbohrten Hände gesehen habe. Mit meinen Fingern will ich sie fühlen, und meine Hand will ich in die Wunden an seiner Seite legen. Eher werde ich es nicht glauben" (Johannes 20,25).

Acht Tage später sind alle Jünger wieder zusammen und alle Türen fest verbarrikadiert, genau wie bei der ersten Begegnung mit dem Auferstandenen. Plötzlich steht Jesus in ihrer Mitte und spricht Thomas direkt an: „Lege deine Finger auf meine durchbohrten Hände! Gib mir deine Hand und lege sie in die Wunde an meiner Seite! Zweifle nicht länger, sondern glaube!" (Johannes 20,27). Damit antwortet Jesus genau auf das von Thomas Eingeforderte. Kein Vorwurf, keine Vorhaltung, kein Infragestellen des Zweifels, sondern eine tiefe Anerkennung, eine tiefe Wertschätzung spricht hier aus den Worten und dem Handeln von Jesus gegenüber Thomas. Welche Liebe wird hier deutlich! Jesus versteht, was in seinem Jünger Thomas vorgeht, was er innerlich zu verarbeiten hat. Wie liebevoll, wie fürsorglich und voller Anerkennung, Würdigung, Ermutigung gegenüber Thomas verhält sich Jesus. Er hätte Thomas aufgrund seines geäußerten Zweifels aus dem Jüngerkreis ausschließen können. Schließlich hatte Jesus ja im Vorfeld beschrieben, was auf die Jünger zukommen würde. Aber sie alle hatten es nicht verstanden, nicht einordnen können. Sie alle hatten erlebt, was Jesus durchmachen musste, um ansatzweise zu verstehen, wer Jesus in Wirklichkeit war: Gottes Sohn. Und Jesus reagiert voller Verständnis und Geduld darauf.

Gutes übereinander sagen

Natürlich würden wir bei diesen Beispielen nicht sagen, dass Jesus lobt, so wie wir das Wort kennen und benutzen. Aber setzen wir die Synonyme ein (anerkennen, Mut machen, bestärken ...), dann wird deutlich, dass hier vieles zutrifft.

Wir möchten oft konkret das Wort *Lob* hören, aber wenn wir sensibler werden und auf Wörter achten, die das Gleiche ausdrücken, bemerken wir schnell, dass es auch andere Formen des Gelobtwerdens gibt. Jesus lebt es immer wieder vor. Er ist den Menschen zugewandt, kümmert sich um ihre Belange, nimmt Anteil, hört zu, nimmt sich Zeit und das, obwohl seine irdische Zeit sehr begrenzt war. (Er war nur drei Jahre als Rabbi unterwegs.) Welche Wertschätzung uns Menschen gegenüber! Ist uns das heute noch bewusst, dass Jesus auch uns diese Wertschätzung, diese Anerkennung entgegenbringt?

Wer das Loben und Ermutigen nur von Pastoren erwartet, hat nicht verstanden, wie Jesus sich Gemeinde vorgestellt hat. Es ist die Aufgabe aller Gemeindeglieder, sich anzugewöhnen, andere aufzubauen, wertzuschätzen, zu ermutigen, zu loben, dem anderen Gutes nachzusagen und zuzusprechen. Das zu wollen, ist ein aktiver Willensakt: Ich will bewusst auf das sehen, was der andere gut macht, und das spreche ich auch aus. Ich lasse ihm Raum, sich einzubringen.

Das setzt voraus, dass ich auch sein Anderssein akzeptiere. Trotzdem will ich bewusst lernen, dem anderen Gutes nachzusagen. Mit anderen Worten: Klatsch und Tratsch haben in Gemeinden nichts zu suchen. Anders ist es mit der Kritik. Meinungen sind unterschiedlich, Sichtweisen auch. Konstruktive, also aufbauende Kritik gehört zum Leben dazu. Wer jedoch nur kritisiert, macht sich unglaubwürdig, ebenso wie der, der nur lobt. Beides, Lob und aufbauende Kritik, sollten in Gemeinden ihren Platz haben und von allen gelebt werden. Aber beides auch immer mit gegenseitiger Wertschätzung, Respekt und Achtung voreinander und mit einer gehörigen Portion Liebe. Das Ganze muss sich entwickeln, braucht Zeit und Raum, um diese Sicht zu schaffen, aufzubauen und dann praktisch zu leben. Nur wer das erkennen will, wird es auch umsetzen können. Das ist eine große Aufgabe für alle Gemeindeglieder – von Jung bis Alt.

Verantwortung der geistlichen Leitung

Aber auch das ist wahr: Menschen mit einem geistlichen Amt tragen eine besondere Verantwortung, Gemeinde nach den Maßstäben von Jesus zu bauen. Aus dieser Verantwortung heraus sollten Lob, Anerkennung, Wertschätzung, Würdigung geleisteter Arbeit ausgesprochen werden. Und ein Zweites sollte in einer aktiven Gemeinde möglich sein: einander Kompetenzen zu übertragen und so eigenständiges Arbeiten zu ermöglichen. Wer gelobt wird, Anerkennung und Wertschätzung erlebt, wird sich nach seinen Möglichkeiten weiterhin einsetzen. Wer keinen „Gemeindedienst nach Vorschrift", sondern gute Leitungskräfte und aktive Gemeindeglieder haben möchte, der sorgt vor: Ein Lob stärkt, baut auf, schenkt

Vertrauen, motiviert, fördert und fordert gleichzeitig heraus, um sich weiterzuentwickeln!

Wer dies erleben darf, wird sich gerne und engagiert einsetzen, um seine Gemeinde aktiv mitzugestalten. Auch wenn viele Leitungskräfte eine hohe Eigenmotivation haben und ihnen möglicherweise selbst das Lob versagt wird, sollten sie nie vergessen, dass andere sehr wohl ihr Selbstvertrauen hinsichtlich ihres Dienstes daraus schöpfen: Lobt jemand aus der Leitung, so gilt dies für viele als besondere Antriebskraft, an einer Sache dranzubleiben, sich verstärkt zu engagieren, motiviert weiterzumachen. Etliche werden ohne Anerkennung mut- und lustlos.

Das Argument, Christen hätten den Auftrag, das Evangelium weiterzusagen, direkt von Jesus erhalten, stimmt natürlich. Trotzdem werden auch Christen immer wieder entmutigt, zweifeln, brauchen neuen Antrieb im Glauben, sehen nicht, was ihr Einsatz in der Gemeinde bringt, blicken mehr auf die Defizite, die sich überall auftun, als auf die reichen Fähigkeiten und Gaben, oder erkennen erst gar nicht, an welcher Stelle ihre Begabung überhaupt eingesetzt werden könnte. Manch einer, der mitarbeitet, ist frustriert, weil scheinbar ja doch nur auf der obersten Leitungsebene entschieden wird und somit alle anderen zu Handlangern degradiert werden. Auch wenn das sachlich keinen Bestand haben mag – emotional wird dies oft so empfunden. Manch einer ist frustriert, weil er weltliche, menschliche Bewertungskriterien auch in seiner Gemeinde wiederfindet, und versteht zu Recht nicht, warum dies so ist. Hier ist gegenseitige Kommunikation und Ermutigung gefragt. Und eben auch Mut zu machen, um aktiv mit am Bau der Gemeinde und in den vielen segensreichen Aufgabengebieten mitarbeiten zu können.

Letztendlich ist jede Gemeinde, die sich auf Jesus Christus als ihren Herrn beruft, ein Teil der weltweiten Gemeinde von Jesus. Gerade auch dieser Aspekt darf uns dazu bewegen, Christen weltweit als eine Einheit zu sehen, füreinander zu beten, sich hinter die Belange der Christen weltweit zu stellen und über unseren Tellerrand als kleine Vorortgemeinde zu schauen. Nur so können wir einander Mut machen, uns gegenseitige Anerkennung und Wertschätzung zeigen und leben und einander in der Liebe von Jesus begegnen. Wir brauchen heute (vielleicht mehr denn je) den Zusammenhalt all derer, die Jesus Christus bewusst nachfolgen wollen, die sich bewusst als Christen bezeichnen. Jesus selbst hatte (und hat) stets den einzelnen Menschen im Blick auf das ganze Reich Gottes. Und wir dürfen und sollen von ihm lernen. In allen Punkten.

Gott und das Lob

Als Gott die Welt erschuf, sah er am Ende jedes Schöpfungstages seine Schöpfung an: Es war alles gut so, wie *Er* es geschaffen hatte: „Schließlich betrachtete Gott alles, was er geschaffen hatte, und es war sehr gut! ... So waren nun Himmel und Erde erschaffen mit allem, was dazugehört" (1. Mose 1,31-2,1).

Da darf und kann ich von meinem Schöpfer lernen! Gott sieht auf das, was er geschafft hat, und erfreut sich daran. Zugegeben: Was wir schaffen, ist nicht mit dem zu vergleichen, was Gott erschaffen hat. Trotzdem, nach meinen Möglichkeiten versuche ich, das zu bewältigen, was mir möglich ist. Und darum darf ich hier von Gott lernen, mich über das Erreichte zu freuen.

Loben wir, dann verschenken wir die Anerkennung: Du bist wertvoll!

Damit machen wir anderen Mut, sich weiterzuentwickeln. Sich zu bejahen: Ja, du bist wertvoll! Aus der Perspektive Gottes heraus erhält dieses „Du bist wertvoll!" jedoch eine großartige Steigerung, die wir kaum begreifen können:

Gott schenkt uns die höchste Wertschätzung: Du, Mensch, bist mir wertvoll! Für dich gab ich, Gott, alles!

Die tiefste Wertschätzung und Anerkennung hat uns niemand anderes als Gott entgegengebracht. Gott hat uns so unendlich lieb, dass er in seinem Sohn Jesus Christus Mensch geworden ist, um uns zu begegnen und unser Leben zu teilen.

Das ist Anerkennung pur! Das ist Wertschätzung vom

Höchsten! Gott wurde in Jesus Mensch, um für uns und unsere Schuld am Kreuz zu sterben. Damit ist der Weg zu Gott selbst wieder frei: durch Jesus Christus. Das ist die höchste Form der Anerkennung, der Wertschätzung, die einem Menschen entgegengebracht werden kann. Jesus schenkt uns seinen tiefen Frieden, Aussöhnung mit Gott, Befreiung von jeglicher Schuld, ja sogar die Kindschaft Gottes, das ewige Leben an Gottes und Jesu Seite und eine Vorbereitung für das ewige Zuhause. Und das alles aus reiner Gnade! Als Geschenk, nicht als unser Verdienst! Mehr geht nicht! In Jesus dürfen wir erleben und erfahren, was es heißt, schon hier und heute tagtäglich mit der Kraft eines Stärkeren rechnen zu dürfen und ihn im Alltag zu erleben. Darum dürfen, ja sollen wir Gott loben. Die Sehnsucht unseres Herzens, die tiefe Suche nach unserem Lebensziel findet in der Anerkennung Gottes seinen Platz durch Jesus Christus. So können und dürfen wir Gott loben, als Kinder unseres großen Gottes.

Gottes Anerkennung uns gegenüber ist *er* selbst! In Jesus! Aus Gnade.

Mit Worten des Apostels Paulus: „Auch ihr verdankt alles, was ihr seid, der Gemeinschaft mit Jesus Christus. Er ist Gottes Weisheit für uns. Durch ihn haben wir Anerkennung vor Gott gefunden, durch ihn können wir ein Leben führen, wie es Gott gefällt, und durch ihn sind wir auch befreit von unserer Schuld" (1. Korinther 1,30).

„Denn alles kommt von ihm, alles lebt durch ihn, alles vollendet sich in ihm. Ihm sei Lob und Ehre für immer und ewig! Amen" (Römer 11,36).

„Lob und Dank sei Gott, dem Vater unseres Herrn

Jesus Christus! Er hat uns mit seinem Geist reich beschenkt, und durch Christus haben wir Zugang zu Gottes himmlischer Welt erhalten" (Epheser 1,3).

Die Sehnsucht unseres Herzens findet ihre tiefste Erfüllung in dem Wissen: Gott nimmt mich so an, wie ich bin. Zu ihm darf ich so kommen, wie ich bin. Und er liebt mich trotzdem! Mit allen Stärken, mit allen Schwächen! Dafür starb Jesus am Kreuz.

Was Jesus von mir erwartet? Dass ich mein bedingungsloses Ja zu ihm sage, ihm meinen Lebensmüll, meine Lebenslügen überlasse, indem ich sie vor ihm bekenne. Jesus will, dass ich ihm in allem ganz vertraue, *ihm* alles zutraue. Egal was sich angehäuft hat, wo *er* vergibt, da ist mein Schutthaufen abgetragen.

Wir sollen Gottes Anerkennung finden ...

Wir haben die Anerkennung Gottes und sollen sie trotzdem finden? Wie geht das?

Als Jesus auf der Erde gelebt hat, bezog er deutlich Stellung: „Ich suche nicht die Anerkennung von Menschen!" (Johannes 5,41)

Jesus ging es nicht darum, den Menschen zu gefallen, sondern alleine Gott. Und damit zeigt uns Jesus, der Sohn Gottes, welcher Maßstab alleine ausschlaggebend und tragend sein kann: Sucht die Anerkennung Gottes. Seid ihm und seinem Wort treu, seid mir treu.

Paulus drückt es folgendermaßen aus: „In der Botschaft wird klar und deutlich gesagt, wer vor Gott bestehen kann: jeder, der sich allein auf das verlässt, was Gott für ihn getan hat, und daran festhält. So heißt es schon in der heiligen Schrift: Nur der wird Gottes Anerkennung finden und leben, der ihm vertraut" (Römer 1,17).

„Alles Gute, was Christus in einem von Schuld befreiten Leben schafft, wird dann bei euch zu finden sein. Und das alles zu Gottes Ehre und zu seinem Lob!" (Philipper 1,11)

Dankbarkeit hat viel mit Loben zu tun

Wer dankbar ist, kann auch loben. Wer erkennt, erlebt und bewusst sehen will, wo und in welcher Form Gott im Alltag erlebbar ist und uns in so vielem reich beschenkt, der fängt an, Gott zu loben.

Auch an dieser Stelle schließt sich der Kreis all der Synonyme des Wortes Loben: Ich lobe Gott, achte ihn, ehre ihn, honoriere ihn, würdige ihn, hebe ihn heraus, hebe ihn hervor: Du allein bist mein Gott! „… alle, die dir vertrauen, werden sich freuen und dich loben, denn bei dir sind sie geborgen. Wer dich liebt, wird jubeln vor Freude" (Psalm 5,12).

Ich werde aktiv: Ich spreche Gott mein Lob aus, ich äußere mich über Gott anerkennend. Ich sage Gott Gutes nach: „Ich will den Herrn loben und nie vergessen, wie viel Gutes er mir getan hat" (Psalm 103,2).

Ich danke Gott für alles, was Er für mich getan hat. „Dem allein weisen Gott, den wir durch Jesus Christus kennen, ihm gehören Lob und Ehre in alle Ewigkeit. Amen!" (Römer 16,27)

Schluss

Loben – welch ein wichtiges und breit gefächertes Betätigungsfeld! Wir dürfen es uns erarbeiten und begreifen lernen, was wir mit ein paar liebevollen, ehrlich gemeinten, anerkennenden und wertschätzenden Worten alles bewirken können.

Darum noch einmal zur Erinnerung aus dem Kapitel „Was Lob bedeutet" die Synonyme, die im Alltag ihren selbstverständlichen Platz erhalten wollen.

Mein Lob bewirkt:

Ich erkenne jemanden an, zeichne ihn aus, lobe ihn, achte ihn, ehre ihn, schätze ihn, würdige ihn, muntere ihn auf, ermuntere ihn, hebe ihn heraus, hebe ihn hervor.

Ich werde aktiv: Ich spreche jemandem mein Lob aus, spende mein Lob, äußere mich über jemanden anerkennend, bin voll Anerkennung.

Ich sage jemandem etwas Gutes nach und habe ihn ermutigt!

Es ist schon erstaunlich, was mit einem Lob alles erreicht werden kann.

Ich möchte Ihnen Mut machen, einander zu loben. Heute damit anzufangen. Wenn wir es zu einer gemeinsamen Sache machen und einfach damit beginnen, dann werden sich Lob, Anerkennung und Wertschätzung ausbreiten. Ganz sicher. Wenn wir einen Blick für andere bekommen, dann werden wir alle gemeinsam davon profitieren.

Anhang

Kreative Ideen für „Handwerker"

Sie möchten kreativ werden und etwas verschenken, was Ihr Lob ausdrückt? Oder etwas, was von bleibendem Wert ist, aufbaut und ermutigt? Hier ein paar Beispiele. Vielleicht haben Sie weitere Ideen? Klasse!

1. Die Lobsammelkiste

Ein stabiler Schuhkarton, der schön und ganz individuell gestaltet werden kann, wird zur Lobsammelkiste. In diese Sammelkiste können wir alles reinlegen, wodurch uns andere Anerkennung, Wertschätzung, Ermutigung, eben Lob schenken. Der Schuhkarton kann beklebt oder angemalt, mit Farbe, mit bunten Papier-, Tapeten- oder Stoffresten einzigartig verziert werden. Wer mag, klebt noch ein paar Dekoteilchen darauf. So entsteht eine einzigartige Lobsammelkiste daraus, die gerade in trüben, einsamen oder traurigen Stunden zur wertvollen Ermutigung werden kann. Wir vergessen so schnell, was uns andere sagen, schreiben oder schenken. Mit der Lobsammelkiste werden die wertvollsten Dinge und Gedanken auf eine besondere Weise erhalten. Auch als Mitbringsel für andere wird eine solche Kiste zu einem wunderbaren, wertvollen Geschenk mit der Motivation zum eigenen Weitersammeln. Jeder sollte eine solche Kiste besitzen und dann darauf zurückgreifen können, wenn der eigene Akku des Gelobt-worden-Seins leer und das Selbstwertgefühl wie eine Schneeflocke dahingeschmolzen ist.

Füllen können wir sie zum Beispiel so:
- Gebasteltes oder gemalte Bilder von den Kindern oder Enkelkindern, die uns damit reich beschenken. Im eigentlichen Sinn drücken sie damit ihr Lob aus: Danke, Mama, Papa, Oma, Opa ... Ich habe dich lieb, weil du die beste Mama, Oma, ... der Welt bist. Für unsere Kinder sind wir die besten Mamas und Papas der Welt.
- Briefe, Karten, kleine Zusprüche, E-Mails drücken sehr häufig aus, wie sehr andere uns schätzen. Ein Lob! Legen Sie diese in die Sammelkiste. So können Sie sie immer wieder nachlesen. Leider vergessen wir, was andere uns geschrieben haben. Und viele Worte werden erst nach einigem Lesen so richtig tief verstanden.
- Bibelworte, die eine tiefe Bedeutung für das eigene Leben bekommen haben.
- Weitere Sprüche, weise Worte.
- Gegenstände, die ein Lob ausdrücken.
- Gegenstände, die uns an eine Situation erinnern, in der wir gelobt worden sind.

Und vieles andere mehr.

2. Das Lobsammelbuch

Schreiben Sie alles an Lob auf, was Sie bekommen: in Gesprächen, auf Glückwunschkarten, in Briefen, E-Mails ... Wir vergessen so schnell. Unser Gedächtnis erinnert sich oft so kurz an das Positive. Leider merken wir uns das

Negative häufig viel länger. Schreiben Sie auf und freuen Sie sich an dem Lob. Wir brauchen Erinnerungshilfen! Ein solches Buch könnte uns bis ins Altersheim begleiten und uns immer wieder Mut fürs Leben machen. Damit würde es zu einem Buch fürs Leben, einem Lebensbuch.

3. Das Lobsammelbuch zum Verschenken

Wenn Sie eine besondere Überraschung für einen besonderen Menschen verschenken wollen, dann kaufen oder basteln Sie ein schönes Buch und schreiben Ihrer Freundin (Ihren Kindern oder wem auch immer) einen lieben Text auf, in dem Sie schildern, warum die andere Person für Sie so wichtig ist. Loben Sie die andere Person einfach mal. Verschenken Sie das Buch und fordern Sie die andere auf, dieses Buch mit all dem zu füllen, was sie an Lob und Mutmachendem für ihr Leben findet.

4. Ein Strauß voller Ermutigungsbotschaften

Schreiben Sie Ihrer Freundin (oder wem auch immer) auf liebevoll gestalteten Kärtchen auf, was Sie an Gaben, an zu Lobendem an ihr sehen und entdecken. Kleben/Heften Sie diese Kärtchen an kleine Zweige, die Triebe tragen, und stellen Sie diese frühzeitig vor dem Verschenken ins Wasser. Ein paar Frühlingsblumen dazu – und schon wird ein bunter, ermutigender, ganz persönlicher Blumenstrauß daraus.

5. Die Muttertagswand

Als unsere Kinder klein waren, haben sie mir zu Muttertag die unterschiedlichsten Dinge gebastelt. Mal einen Fotorahmen mit Bild, viele gemalte Kunstwerke, Liebevolles in Gedichtzeilen aufgeschrieben. Ich habe sie alle an meine Muttertagswand neben meinem Bett aufgehängt. So habe ich immer wieder die lobenden Worte, die ermutigenden Zeilen, die liebevoll gestalteten Gemälde im Blick, wenn ich ins Bett gehe. Über viele Jahre und in ganz unterschiedlichen Situationen (zum Beispiel in der Pubertät, bei Schulstress oder in Konflikten) ist mir so immer wieder der Blick für meine Kinder geweitet worden. Ihr Lob, ihre Wertschätzung, ihre Anerkennung auch durch die Muttertagswand hat meinen Blick für sie offen gehalten.

Das kleine Abc des Lobens (Kurzversion)

Loben Sie nur, wenn es etwas zu loben gibt! Geheucheltes Lob ist durchschaubar und verletzt. Wenn Sie nichts Lobenswertes erkennen können, bitten Sie andere um ihre Bewertung. Verschiedene Sichtweisen weiten den Blickwinkel. Andere sehen häufig Lobenswertes, was Sie nicht sehen können!

Wenn Sie loben, lassen Sie die Kritik weg! Wir neigen dazu, dem Lob gleich die Einschränkung der Kritik folgen zu lassen. Dadurch machen wir die positiven Aspekte des Lobes gleich wieder zunichte. Überlegen Sie: Was zerstöre ich am Lob, wenn die negative Kritik prompt folgt? Was erreiche ich damit? Ist Kritik trotz des Lobes notwendig, sollte diese in einem zweiten Gespräch in einer guten, entspannten Atmosphäre geäußert werden und nicht zwischen Tür und Angel.

Seien Sie so konkret wie möglich. Was genau war gut?

Sagen Sie es der Person selbst, nicht über Dritte. Öffentliches Lob kann die Wirkung noch verstärken, wenn es sich anbietet.

Loben Sie zeitnah. Ein Lob, das Tage später kommt, verliert an Wirkung.

Auch das Alltägliche, Selbstverständliche darf gelobt werden. Das vergisst man leider in der Hektik des Alltags immer wieder. Beispiel: „Ich habe mich so gefreut, dass du dein Zimmer aufgeräumt hast." „Wow, das hast du aber gut gemacht." „Weißt du eigentlich, wie sehr ich dich liebe, weil du so bist, wie du bist?" Das ist für Sie kein richtiges Lob? Probieren Sie es trotzdem einmal aus. Sie werden sich wundern, wie positiv der andere reagiert.

Sätze wie: „Na, geht doch!" oder: „Wenn du willst, klappt das also doch" klingen zwar peppig, verletzen aber eher. Einer guten Lobkultur stehen sie jedenfalls im Weg und sollten besser nicht gesagt werden.

Ein Lob sollte von Herzen kommen. Aber verbiegen Sie sich nicht. Damit es von Herzen kommt, braucht es vielleicht eine Änderung unserer Sichtweisen: Jeder macht irgendetwas gut!

Gewöhnen Sie sich das Loben ganz bewusst an. So fließt es schnell und selbstverständlich in Ihr Denken und Reden ein.